哆啦A夢

學習大進擊④

手機平板智慧通

【角色原作】藤子·F·不二雄

我也想要智慧型手機和平板電腦！
大家都在呢。
他們在這裡做什麼？

我們在聊下載神秘歌手「DAREDA」的歌。
就是現在正紅的那首電影歌曲吧！
靜香和我已經聽過了。
G

電影最高潮出現這首歌的時候，我都哭了！
我總有一天也要寫出像這樣感動眾人的歌曲唱給大家聽！
我媽媽在網路上找到小時候看過的動畫電影。
所以我們昨天下載下來一起看。
是什麼動畫？
大雄，你都下載哪些音樂和電玩？
我爸和我媽還不肯讓我用手機……
什麼？是喔？

手機和平板電腦在現代是必需品耶。
你快點請他們買給你。
說是這麼說啦……
反正大雄就算有也不會用吧？
希望你爸媽快點買給你囉。
我也想要自己的手機和平板電腦啦！
這也沒辦法嘛！

※鏘啷鏘啷
我的零用錢還不夠買手機和平板電腦。
ジャラ
ジャラ
有了！
大雄的學校每人都有發一台上課用的平板電腦吧？
那個不能在家裡用嗎？
我們學校禁止攜出。
這樣啊……
看來只好找爸爸和媽媽商量了。
靜香他們都有自己的智慧型手機。
大雄，爸媽為什麼不讓你用？
不知道……

我說過：「買手機給我。」他們說：「不行！」
然後呢？
然後就沒有然後了。
爸爸說不行，
你怎麼不問問原因？
咦？
不知道原因，就沒辦法說服他們買手機和平板了！
是這樣嗎？
我們先去問問准許你用智慧型手機會有什麼問題！
好！

※綜藝摔

爸爸、媽媽，我想問你們……
公司朋友便宜賣給我這台平板電腦。
有了平板，爸爸工作就更方便了。
對啊，我可以開線上會議，媽媽上網購物也更輕鬆。
是啊，螢幕比較大，看東西也更方便。
太好了！這樣我也有平板電腦可以用了！
大雄！
大雄，你還不可以用。
為什麼？只要學會使用方式就沒問題啊！

你還記得你說要手機時，我說不行吧？
嗯，記得。
對了！我就是想問爸爸為什麼不行？
好啊，
你今天問的跟上次不一樣，似乎真的很好奇，我就告訴你吧！
嗯。
使用手機和平板，就表示像你這麼小的孩子也要學會負責。
負責？
你聽過「手機成癮症」和「低頭族」嗎？
沒聽過。

用手機和平板之前，必須先定好安全的使用方式，
也就是自訂規則，這很重要。
智慧型手機
自訂規則手冊
自訂規則？

沒錯！否則會有只要不用智慧型手機就會不安的「手機成癮症」，
「遊戲結束」。
可惡！再來一次！
哇啊！
嘰
嘰
咚！
啊！
或是變成「低頭族」，一邊走路一邊滑手機，很可能造成自己或別人受傷。

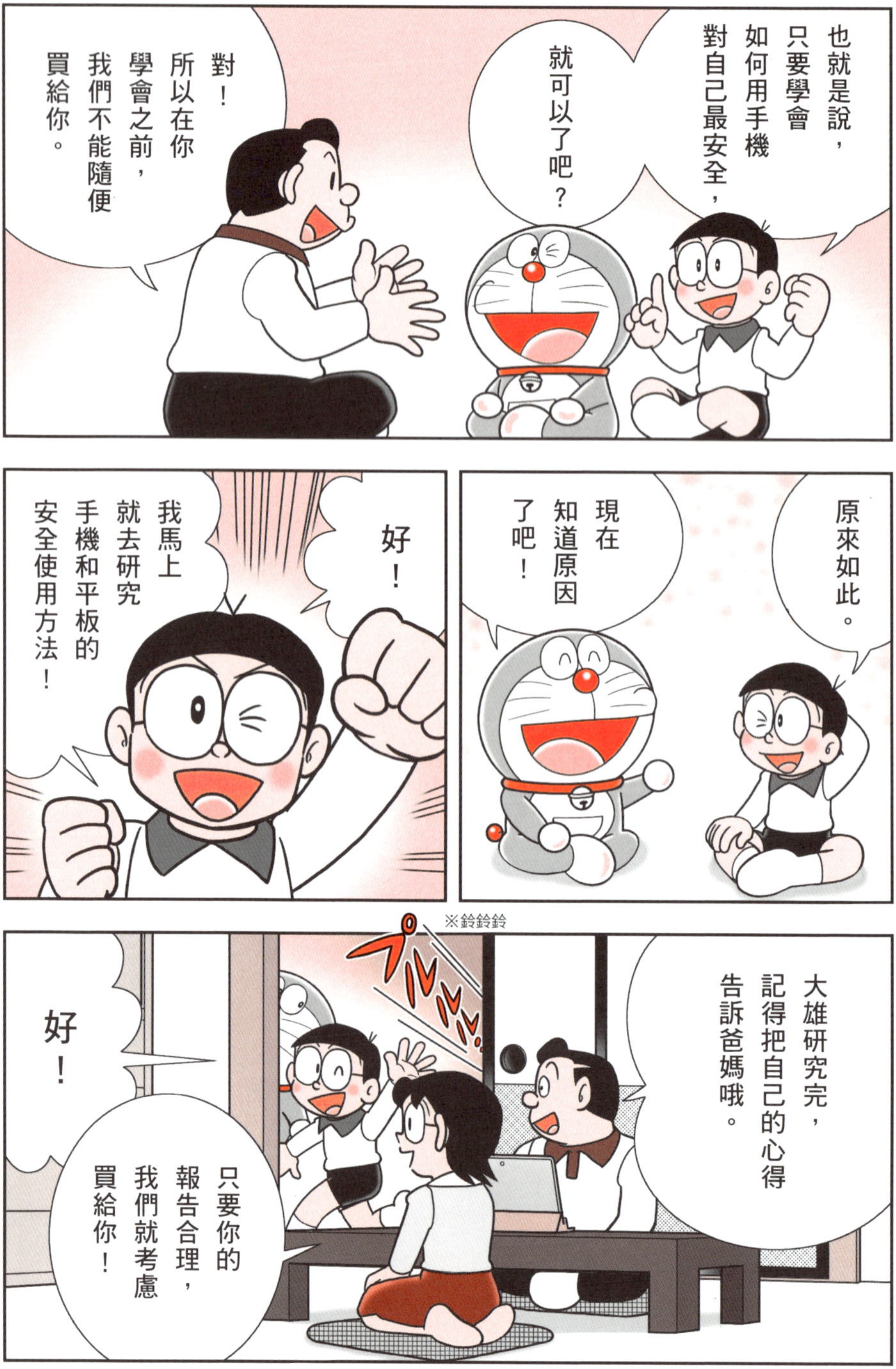
也就是說，只要學會如何用手機對自己最安全，
就可以了吧？
對！所以在你學會之前，我們不能隨便買給你。
原來如此。
現在知道原因了吧！
好！
我馬上就去研究手機和平板的安全使用方法！
※鈴鈴鈴
プルルルル
大雄研究完，記得把自己的心得告訴爸媽哦。
好！
只要你的報告合理，我們就考慮買給你！

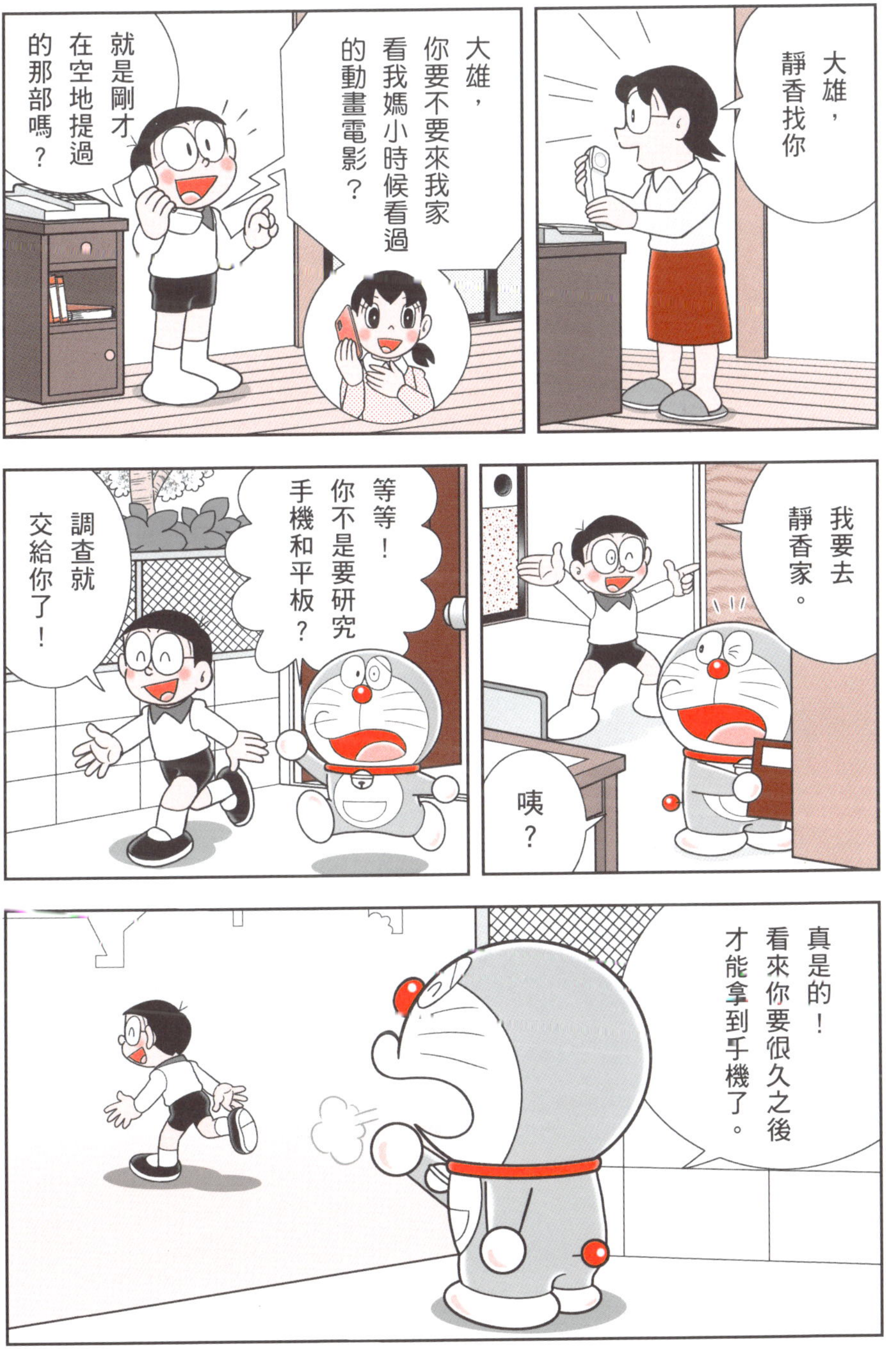
大雄，靜香找你
大雄，你要不要來我家看我媽小時候看過的動畫電影？
就是剛才在空地提過的那部嗎？
我要去靜香家。
咦？
等等！你不是要研究手機和平板？
調查就交給你了！
真是的！看來你要很久之後才能拿到手機了。

寫給智慧型手機、平板電腦的使用者們

智慧型手機（書中簡稱手機）與平板電腦（書中簡稱平板）十分方便，為我們的生活添加了許多樂趣。

我們可以用它們來與朋友互傳訊息、欣賞喜歡的音樂和影片、拍照、打電動等等，有很多種用途。

然而，能夠替我們帶來豐富生活的手機和平板，有時也會造成問題。

舉例來說，因為假資訊而上當受騙，洩漏了個資，遭人惡意用來犯罪；或者是成為「低頭族」；又或是玩手機玩到三更半夜不睡覺，弄壞了身體等。

就是因為存在著這麼多危險，所以當你問家人：「可以買手機給我嗎？」家人會不大願意同意。

本書簡單的歸納出使用手機和平板的一些安全須知，各位事先學會這些須知，就能夠避免那些危險。

再者，為了能夠更安心、安全的使用手機和平板，與家人商量，制定「規則」並確實遵守，也很重要。

各位拿起本書，跟著哆啦A夢和大雄，一起來快樂的學習安心、安全使用手機與平板的「規則」吧！

目錄

按、按

第6章 終於有智慧型手機了！……131

第1章 何謂網際網路？

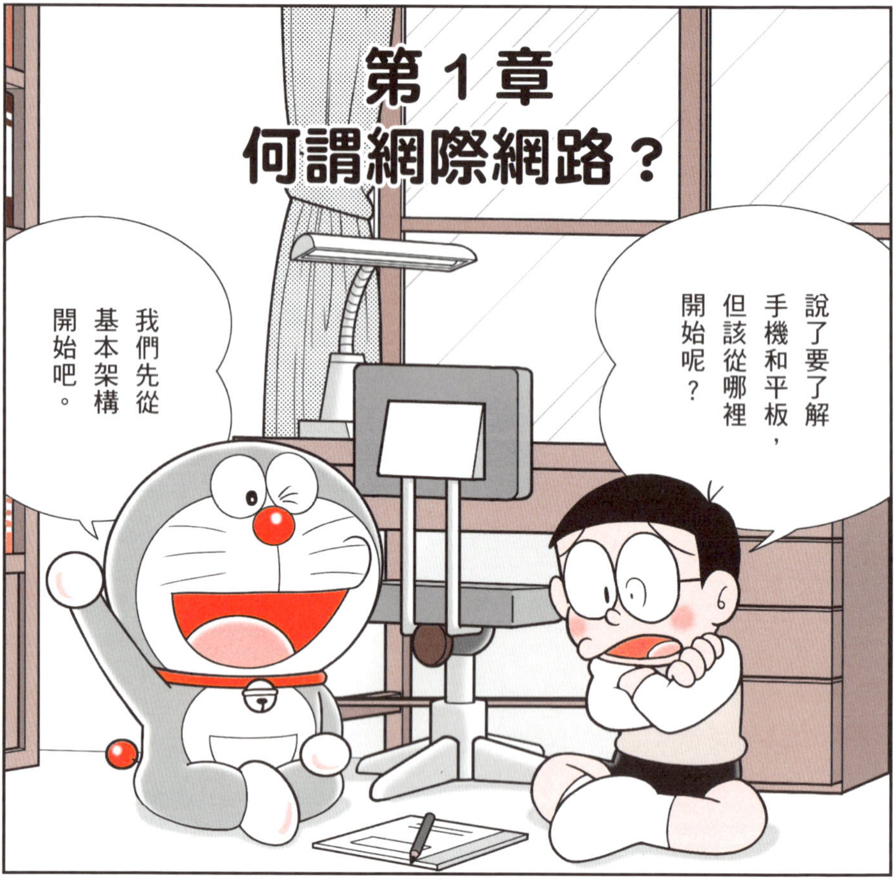
說了要了解手機和平板，但該從哪裡開始呢？
我們先從基本架構開始吧。

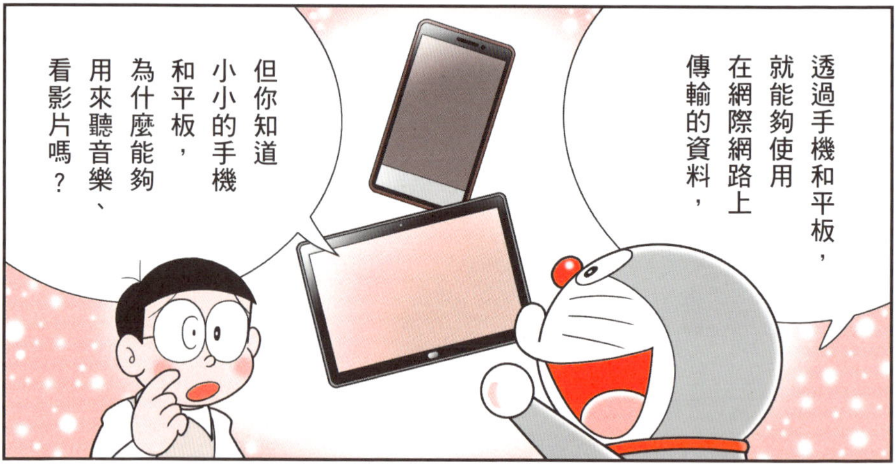
透過手機和平板，就能夠使用在網際網路上傳輸的資料，
但你知道小小的手機和平板，為什麼能夠用來聽音樂、看影片嗎？

聽你這麼說，他們都提到從網路下載歌曲和電影。
網路
下載
我不知道什麼是「網路」和「下載」。

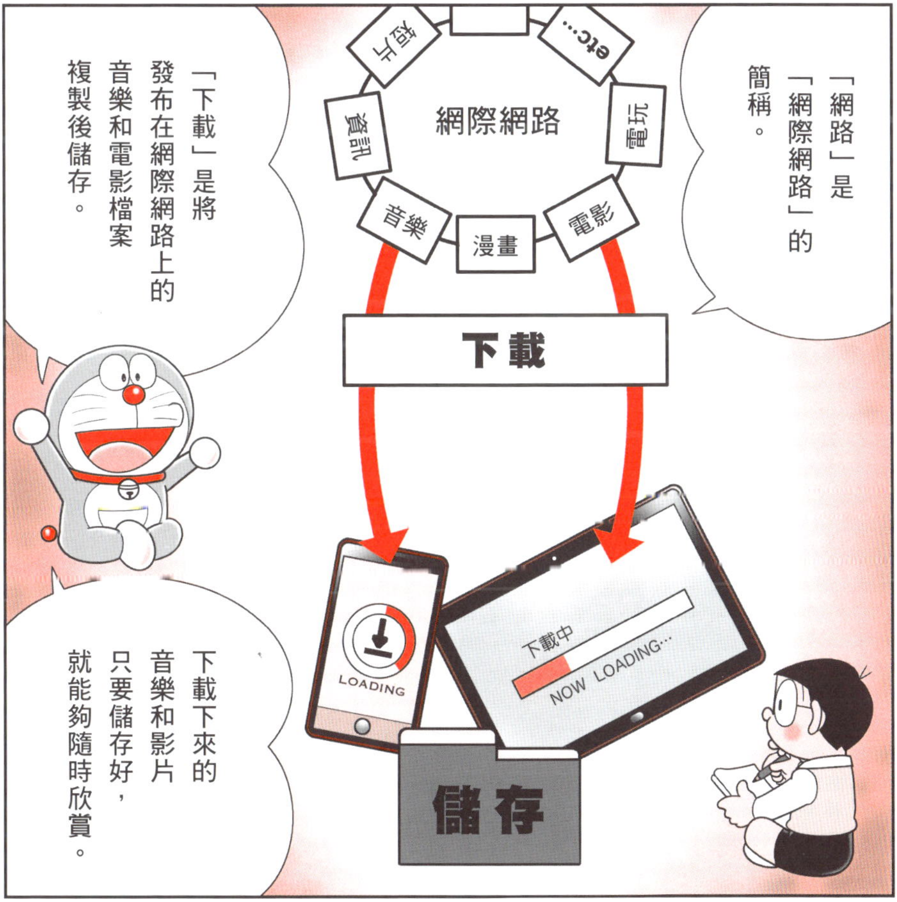
「網路」是「網際網路」的簡稱。
網際網路
照片
etc…
電玩
電影
漫畫
音樂
資訊
下載
下載中
NOW LOADING…
LOADING
儲存
「下載」是將發布在網際網路上的音樂和電影檔案複製後儲存。
下載下來的音樂和影片只要儲存好，就能夠隨時欣賞。

為什麼網際網路在家裡也能夠與外面通訊？
告訴我原理。
沒想到得從頭解釋。
「透視畫電板」。
這個裝置可以把各地景物轉換成透視畫，
還可以調整大小。
※啪
パッ
我先把這附近一帶變成透視畫。
好厲害！透視畫裡還有人呢。

我看到靜香了，
還有小夫在那邊。
他們正好在用手機通話，我追蹤他們兩人的手機來說明。
用「空氣蠟筆」畫出看不見的無線電波。
無線電波？
對，通訊靠的就是這個電波。
電波
手機和平板就是使用電波傳送並接收資訊，
這個過程稱為通訊。
送出
WORLD

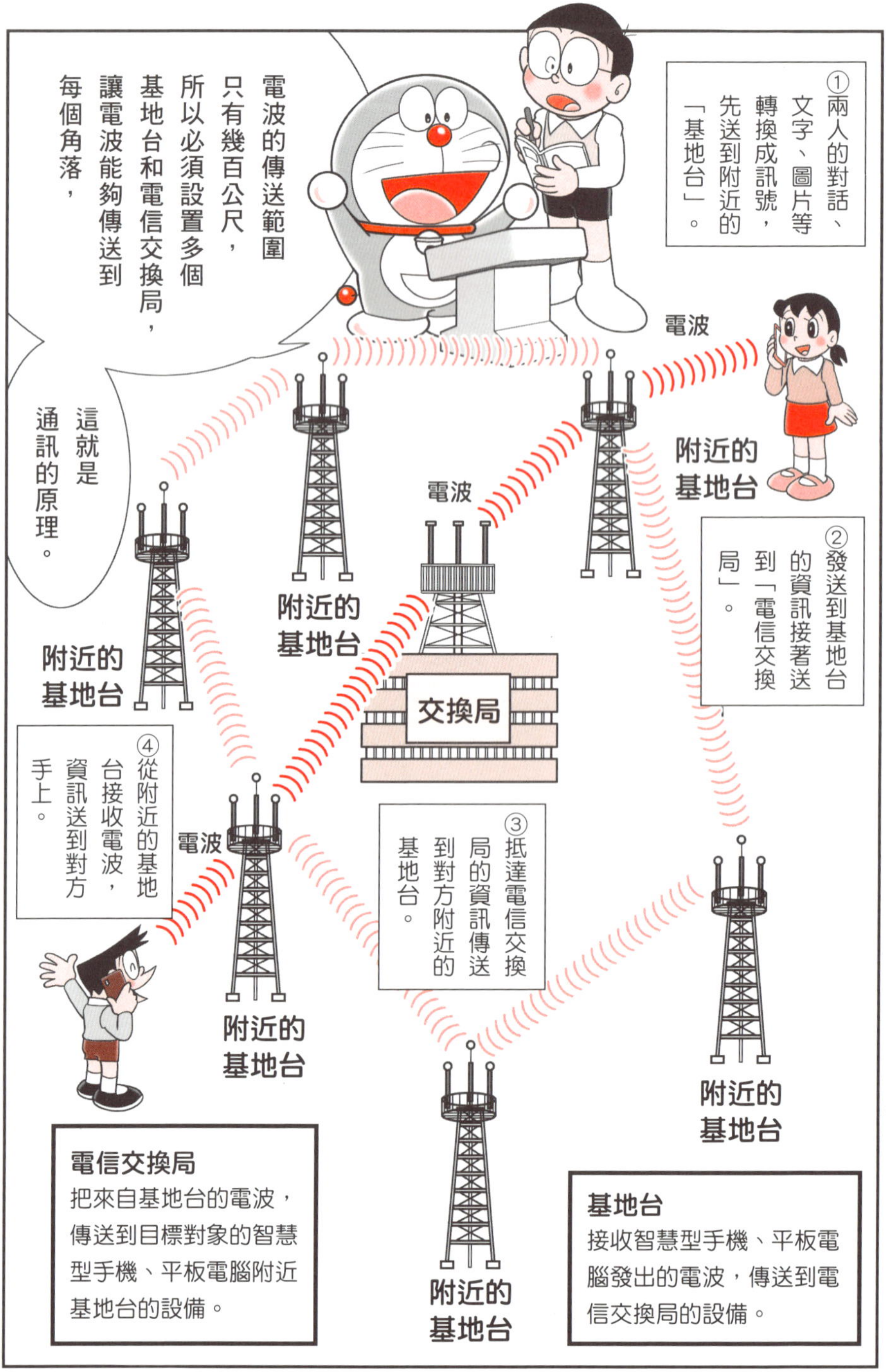
①兩人的對話、文字、圖片等轉換成訊號，先送到附近的「基地台」。
電波的傳送範圍只有幾百公尺，所以必須設置多個基地台和電信交換局，讓電波能夠傳送到每個角落，
這就是通訊的原理。
電波
附近的基地台
②發送到基地台的資訊接著送到「電信交換局」。
電波
附近的基地台
附近的基地台
交換局
③抵達電信交換局的資訊傳送到對方附近的基地台。
④從附近的基地台接收電波，資訊送到對方手上。
電波
附近的基地台
附近的基地台
附近的基地台
電信交換局
把來自基地台的電波，傳送到目標對象的智慧型手機、平板電腦附近基地台的設備。
基地台
接收智慧型手機、平板電腦發出的電波，傳送到電信交換局的設備。

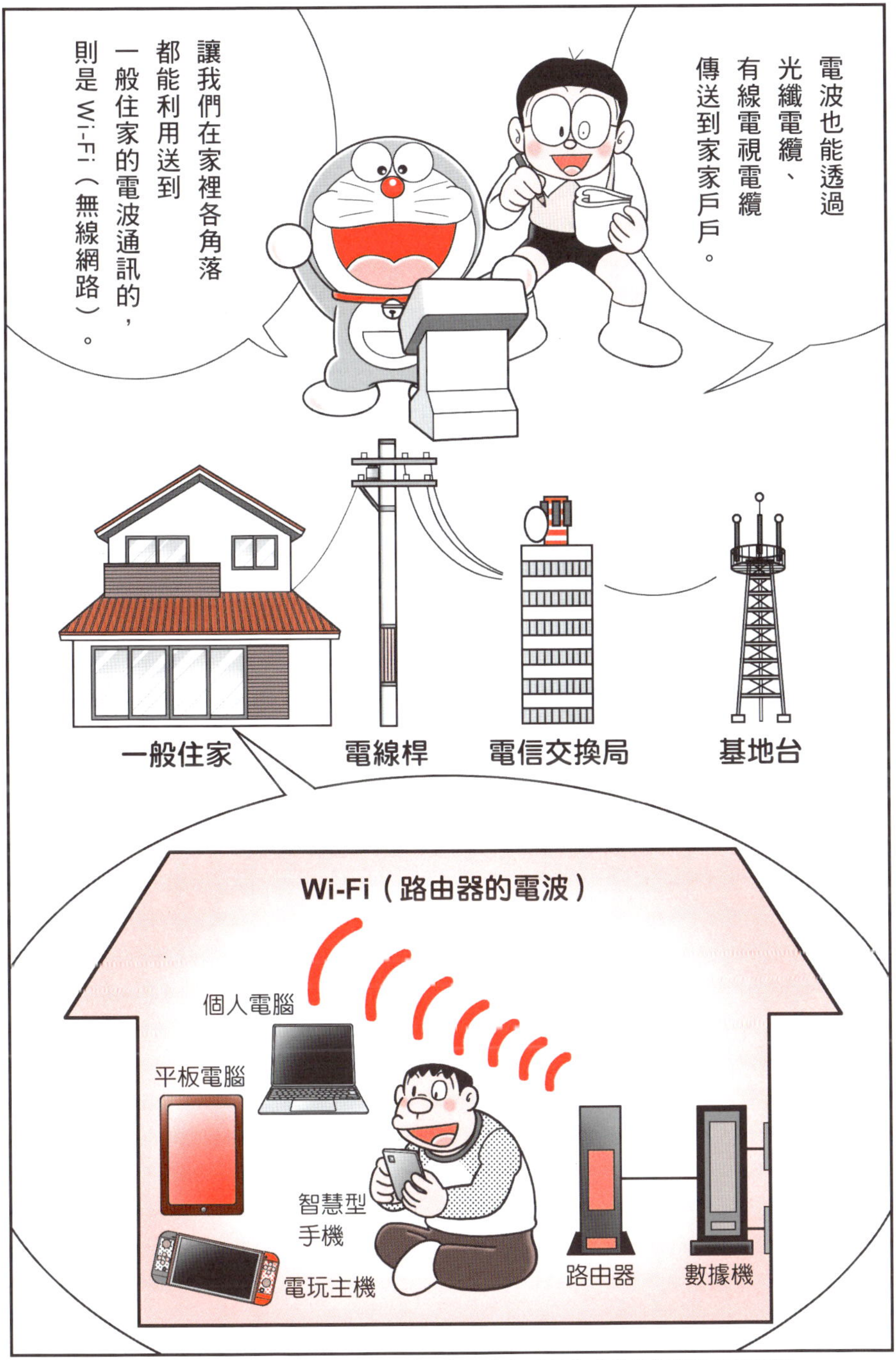
電波也能透過光纖電纜、有線電視電纜傳送到家家戶戶。
讓我們在家裡各角落都能利用送到一般住家的電波通訊的，則是 Wi-Fi（無線網路）。
一般住家
電線桿
電信交換局
基地台
Wi-Fi（路由器的電波）
個人電腦
平板電腦
智慧型手機
電玩主機
路由器
數據機

※數據機：把數位訊號轉換成類比訊號，或是把類比訊號轉換成數位訊號的電子裝置。

手機和平板電腦等各種電腦裝置，能夠在家裡或學校等地方互相通訊，
連接世界各地的電腦，這個架構就稱為網際網路。
網際網路

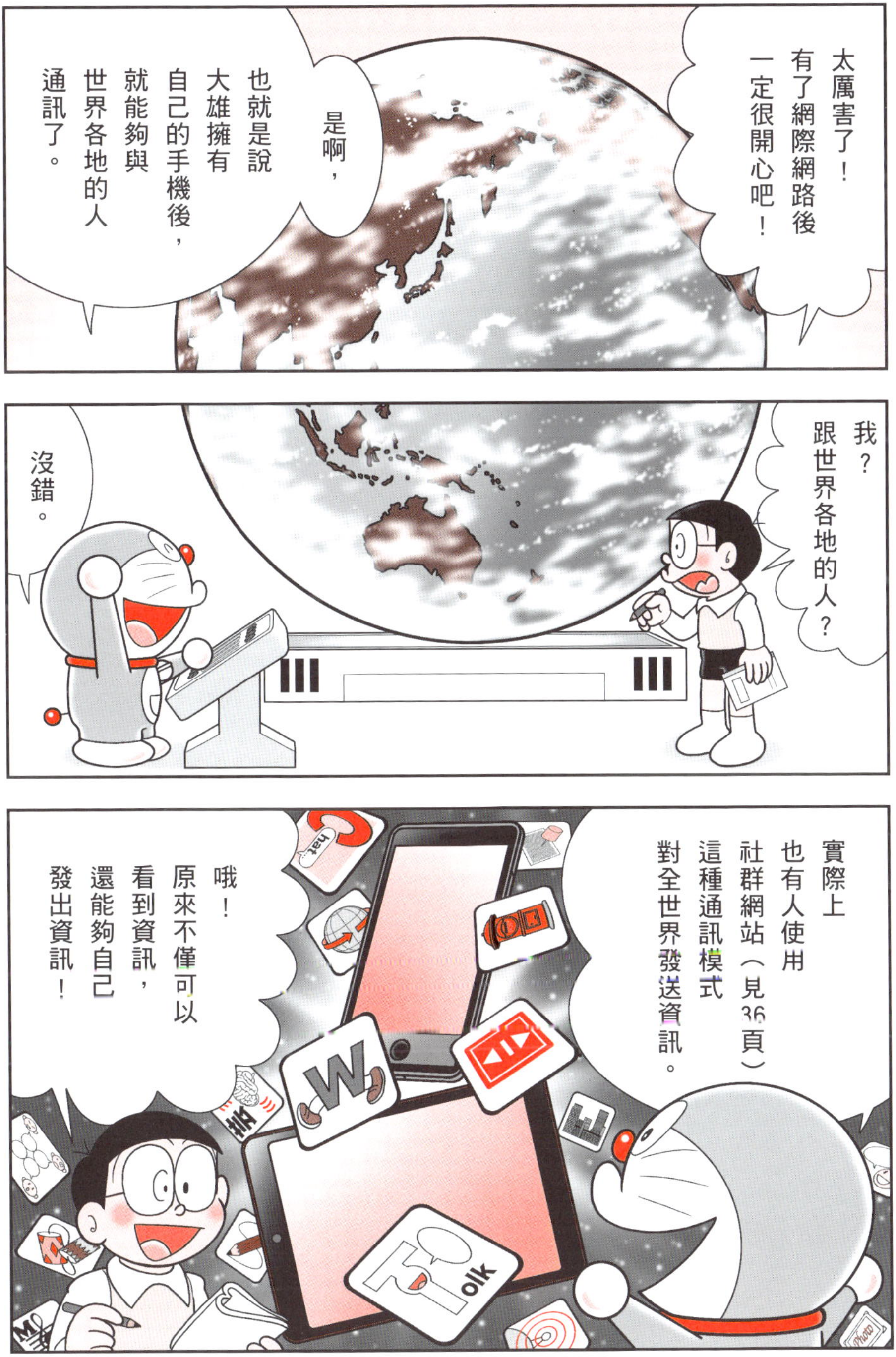
太厲害了！有了網際網路後一定很開心吧！
是啊，
也就是說大雄擁有自己的手機後，就能夠與世界各地的人通訊了。
我？跟世界各地的人？
沒錯。
實際上也有人使用社群網站（見36頁）這種通訊模式對全世界發送資訊。
哦！原來不僅可以看到資訊，還能夠自己發出資訊！

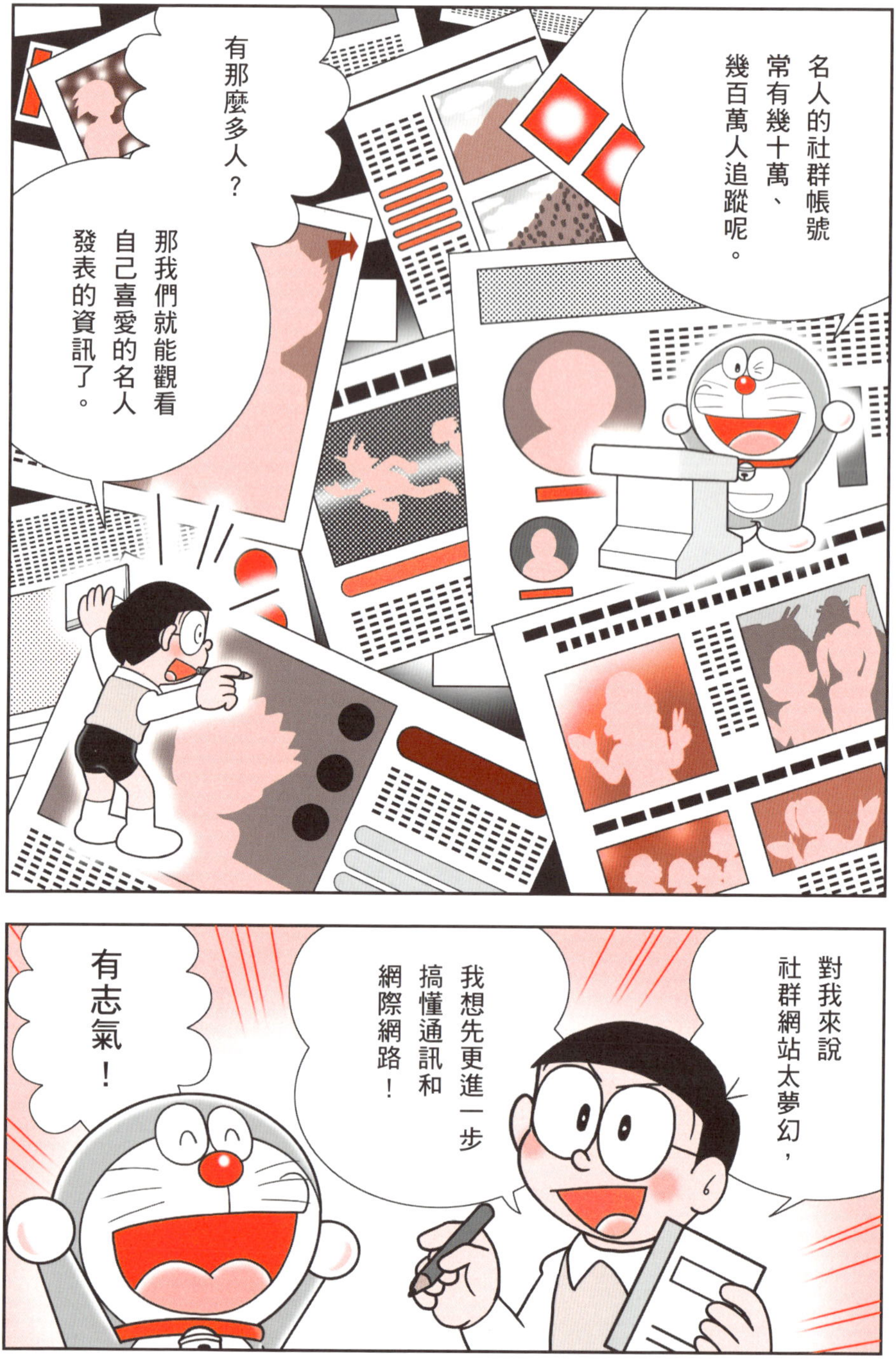
名人的社群帳號常有幾十萬、幾百萬人追蹤呢。
有那麼多人？
那我們就能觀看自己喜愛的名人發表的資訊了。
對我來說社群網站太夢幻，
我想先更進一步搞懂通訊和網際網路！
有志氣！

喂，大雄！
小夫在叫我。
你買手機了嗎？
還沒。
※什麼！
え－ッ!!
胖虎傳訊息來說，他正計畫利用社群網站把自己的歌散播到全世界！
他的計畫一旦成真，地球會出事，網路會被摧毀！
哆啦Ａ夢，快拿出道具阻止胖虎使用社群網站啊！
我哪有那種道具！怎麼辦？

首先要問「網路」是什麼？

智慧型手機、平板電腦，以及個人電腦全都是透過**網際網路**（簡稱網路）來交換資訊。

把文字和照片傳給朋友、一邊看著老師和同學的臉一邊上線上課程、聽音樂、打電動等，這些事情能夠實現，全部都歸功於網際網路的功勞。

但是，話說回來，「網際網路」到底是什麼？

如果把網際網路畫出來的話，大概就是左頁的樣子，也就是說，世界各地的電腦就像「網子」一樣彼此互相串連，而眼睛看不到的資訊通道就是網際網路。

在網際網路的世界裡，用智慧型手機、平板電腦看到的文字、照片、音樂等內容，稱為**資料**（data），網際網路就是這些資料的通道。你傳送給朋友的訊息、照片，也是以資料狀態透過網際網路，即時送達對方的智慧型手機和平板電腦中。網際網路真的很方便。

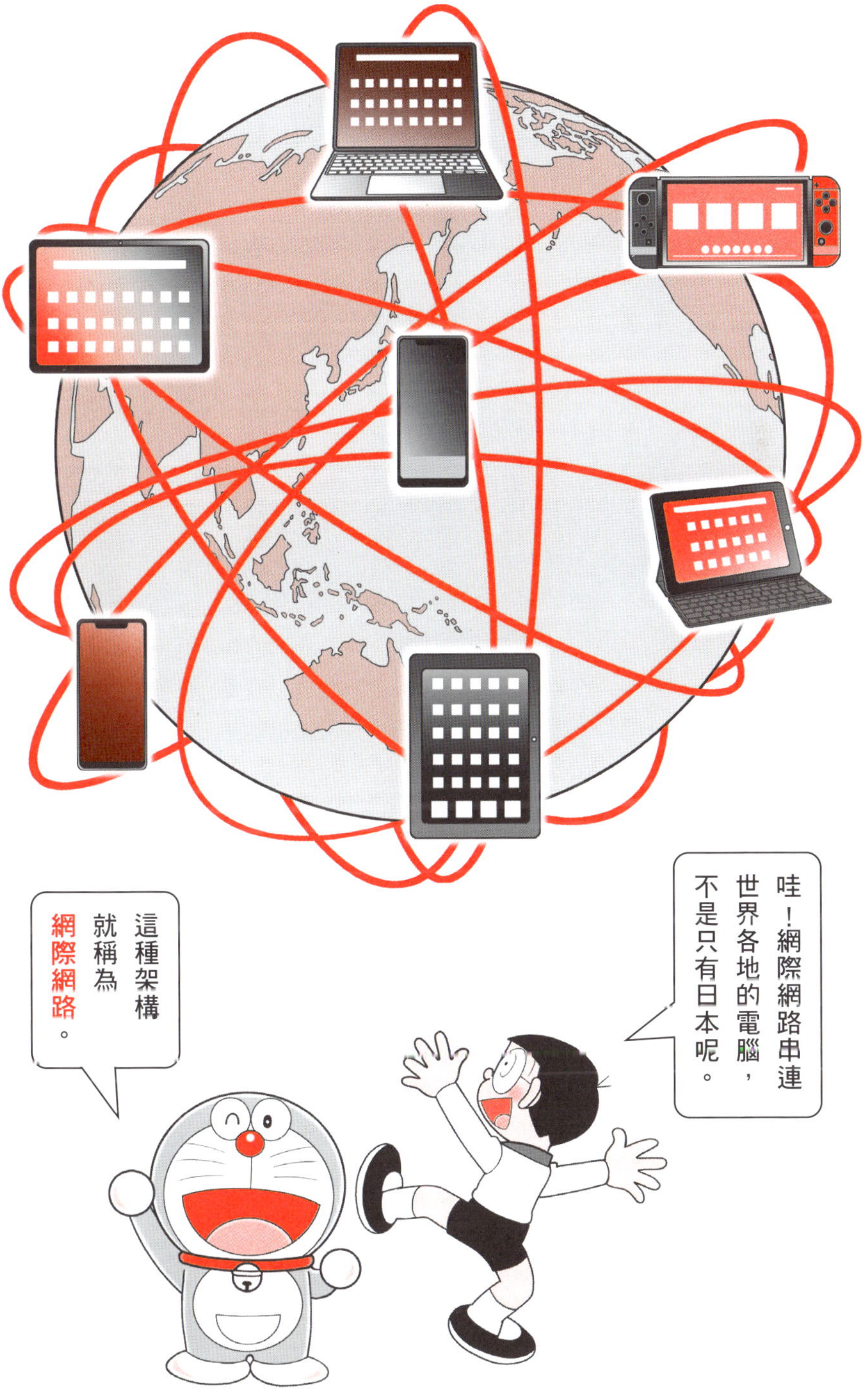
哇！網際網路串連世界各地的電腦，不是只有日本呢。
這種架構就稱為網際網路。

Wi-Fi是什麼？

曾經用平板電腦和智慧型手機上過線上課程的人，有聽過**無線網路**嗎？正式的英文寫法是Wi-Fi。

Wi-Fi是一種無線通訊技術，讓我們在家中任何角落使用平板電腦、智慧型手機和電玩主機，都能夠連接網路使用。

Wi-Fi

可使用Wi-Fi的場所會標示這個電波擴散的標誌。

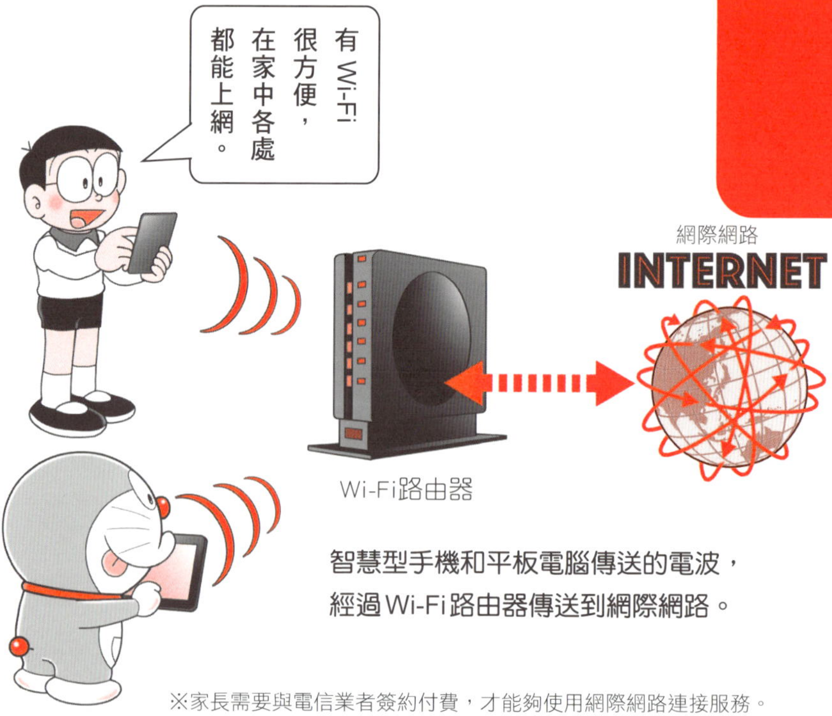
有Wi-Fi很方便，在家中各處都能上網。
網際網路
INTERNET
Wi-Fi路由器

智慧型手機和平板電腦傳送的電波，
經過Wi-Fi路由器傳送到網際網路。

※家長需要與電信業者簽約付費，才能夠使用網際網路連接服務。

在家中透過Wi-Fi上網時，無須額外支付行動上網的通信費※，這也是值得高興的地方。最近不只是家裡，外出搭捷運或去商店等，也有越來越多地方提供免費的Wi-Fi上網服務。

各位現在或許用無線網路上網用得很自然，但是在還沒有Wi-Fi的時代，必須靠人力把電纜線接到電腦上，才能夠連線上網。

因此在公司行號這類有很多人使用電腦的場所，常常就會像下圖那樣，滿地都是電纜線。

哇！被電纜線纏腳絆倒了！
這條電纜線連接哪台電腦？
在外面使用免費Wi-Fi上網時，請使用已安裝防毒軟體（見60頁）的手機和平板。

※在沒有 Wi-Fi 的地方看影片、聽音樂時，行動數據的用量會大增，有時需要額外支付高額的行動上網費用。因此想要在沒有 Wi-Fi 的場所上網時，必須事先取得家長的同意。

ＩＣＴ和ＩｏＴ是什麼？

能夠利用網際網路交換資訊的個人電腦、智慧型手機，以及平板電腦等機械裝置，統稱為ＩＣＴ裝置。ＩＣＴ是「Information and Communications Technology」的英文縮寫，意思是「資訊與通訊技術」。

ＩｏＴ這個詞最近應該也經常看到，這是「Internet of Things（物聯網）」的英文縮寫，是所有物品都具備有能夠連線上網的能力時才能夠實現的服務。舉例來

啟動洗衣機，這樣到家時正好洗完。
開始洗衣！還可以自動注入洗衣精喔。
ＩｏＴ技術好驚人！
掃地機器人連這種事都會用網路報告嗎？

說，家中的空調連線上網，人在外面就能夠操控家裡的空調，等回到家時，室內已經是恰到好處的溫度；或是事先輸入冰箱食品的食用期限，智慧型手機等裝置就會通知你「食用期限快到了」。

ＩoT變得越來越實用，帶給我們更舒適的生活與便利。網路不只能用來上線上課程、看影片、聽音樂，還能夠把生活變得更方便。

掃地機器人的資料顯示，大雄的房間最髒！
又是Wi-Fi又是ＩCT還有ＩoT，我都快記不住了……
別擔心！下一頁起將一一介紹ＩCT的專有名詞！

※嗡嗡嗡

記住專有名詞

網際網路的世界存在著各式各樣的專有名詞。我們一起來記住使用平板電腦和智慧型手機時必須懂得的詞彙吧！

個人電腦

為了供個人使用而製造的小型電腦，由主機、電腦螢幕、鍵盤、滑鼠等機器所構成。主機和電腦螢幕分離的個人電腦是桌上型電腦（桌機），主機和電腦螢幕合而為一的電腦稱為筆記型電腦（筆電）。

平板電腦

屬於個人電腦的一種，用手指或觸控筆取代滑鼠與鍵盤在螢幕上直接操作。有不少學校會每位學生發一台，提供上課使用。

智慧型手機

功能不輸給個人電腦、從行動電話發展而來的隨身裝置。除了通話功能之外，還能夠瀏覽網頁、聽音樂、看電影、打電動、輕鬆利用網路上的各種服務。

OS（作業系統）

OS是「Operating System」的英文縮寫，意思是驅動電腦的基本軟體。所有個人電腦、智慧型手機、平板電腦中都有安裝。

硬體與軟體（Hardware ／ Software）

硬體是指個人電腦、平板電腦、智慧型手機的主機。在這些硬體中安裝能夠聽音樂、看影片、收發訊息等各種功能的應用程式，稱為軟體。

網頁瀏覽器（Web Browser，簡稱瀏覽器）

屬於軟體之一，用途是透過網路瀏覽網站（介紹見下方）。

網站（Website）

在瀏覽器上輸入網址（介紹見下方）就能夠看到的「資訊彙整處」，由相當於書本封面的「主頁（Top Page）」，以及「資訊頁」、「聯絡洽詢頁」等許多網頁（Web Page）集結而成的場所。其中，能夠打電動的網站稱為「電玩遊戲網站」、能夠買東西的網站稱為「購物網站」，諸如此類。首頁（Home Page）原本是指啟動瀏覽器時的起始網頁，後來也用來指「主頁」，亦即網站的入口頁面。

網址（URL）

相當於網站的地址。把「http://」和「https://」開頭的網址正確輸入網頁瀏覽器的網址列，就能夠看到你想看的網站。

App（應用程式，Application 的縮寫）

為了聽音樂、看影片、收發訊息等特定目的而開發的軟體。平板電腦和智慧型手機只要安裝自己喜歡的各種App就能使用。

社群網站

是提供社群網路服務的網站。登入後，能夠與使用同樣社群網站App的人互相發送訊息，或上傳日常生活情況的文字和照片，是在網路上與人產生連結的場所。

路由器

將個人電腦、智慧型手機、平板電腦等多項裝置連上網路的機器。

Wi-Fi（無線網路）

在家裡等有限區域內，以無線方式連線上網的技術之一。利用Wi-Fi技術的路由器稱為Wi-Fi路由器。智慧型手機和平板電腦連線上網時，可以透過Wi-Fi路由器。

網際網路服務供應商

是指提供連接網際網路服務的公司，英文是Internet Service Provider，簡稱ISP。各位在家用Wi-Fi上網不用錢，是因為你們的家長已經付錢給網際網路服務供應商並簽訂契約。

下載（Download）

透過網路接收音樂和影片等，複製並儲存在自己的智慧型手機和平板電腦的行為。

安裝（Install）

為了能夠在智慧型手機和平板電腦上使用App，裝置裡必須要先裝好程式（program）。大致上來說，把網路上的音樂、影片檔案「複製」下來，稱為下載；「複製」的檔案要能夠使用，需要有App，而將這些App放入智慧型手機和平板電腦等裝置的行為，就稱為安裝。這是下載與安裝的差別。

帳戶（Account）

利用網路上的各種服務時，必須輸入的個人資料。為了避免其他人擅自使用，必須以只有使用者本人知道的帳號和密碼管理。

帳號（ID）

用來標記個人的代號、編號。使用網路上的服務時必須輸入，讓網路服務業者知道是誰想要利用服務。

密碼（Password）

使用網路上的服務時以代號與數字排列組合而成的必備暗號。密碼一定要自行設定，與帳號一起輸入後，才能夠使用該項服務。

防毒軟體

防止電腦病毒入侵硬體，或在連結到危險網站時提出警告的「防範軟體」。還有保護儲存在硬體內的個人資料的作用。

電腦病毒

可透過電子郵件、網站等入侵電腦，私自刪除儲存的檔案，或導致電腦無法使用的非法電腦程式。當中也有些是會盜取密碼等個人資料的病毒。小心切勿開啟可疑電子郵件，或下載可疑的檔案。

個人資料（簡稱個資）

除了地址、電話號碼等個人資料之外，在網路世界中密碼也是很重要的個人資料，必須小心保管，不要到處暴露，自己主動保護好個資也很重要。

閱讀本書時，
如果出現
不懂的詞彙，
可翻回這幾頁
確認喔！

網路釣魚（Phishing）

假冒寄件人傳送電子郵件，讓你按下郵件中的網址連結到假網頁，企圖盜取帳戶、信用卡號等重要個資。

GPS（全球定位系統）

GPS是「Global Positioning System」的英文縮寫，多數智慧型手機都具有這項功能，能夠透過人造衛星定位得知智慧型手機持有者現在的位置。也有不少家長為了保護兒童安全，讓孩子攜帶有GPS功能的兒童專用手機。

IoT（物聯網）

意思是「物品」連接網際網路的技術。例如：空調如果裝上網路的連接器，在外面也可以遠端開關電源。

登入（log in）

輸入帳號和密碼，確認進入該服務的是本人的機制。你自己以外的其他人使用你的帳號和密碼私自登入，這種行為屬於非法登入。

存取、進入、造訪（access）

意思是用自己的電腦連接網站等網際網路上的資訊和檔案。使用的方式如：「想知道更多資訊請按此連結進入首頁」等。

第1章

檢查看看是否理解了！
答題時間

請在口裡填入正確的詞彙！

❶在智慧型手機和平板電腦的世界，使用電波傳送與接收資訊，稱為什麼？

❷讓世界各地的電腦像「網子」一樣彼此相連的資訊通道稱為什麼？

❸平板電腦和智慧型手機在家中任何角落都能夠上網，這種無線通訊技術稱為什麼？請寫英文。

❹個人電腦、平板電腦、智慧型手機等通訊設備統稱為什麼工具？寫成三個英文字母。

❺所有物品都能連接網路才得以實現的服務是什麼？寫成三個英文字母。

寫完來對答案吧！

【答案】❶通訊 ❷網際網路 ❸Wi-Fi ❹ICT ❺IoT

第2章
密碼是智慧型手機的「鑰匙」
要向我借手機？為什麼？
我想跟大家一樣，試試下載影片和音樂。
把手機借人是危險的舉動，我怎麼可能答應。
危險？
為什麼？我們是朋友啊？
就算是朋友，也不能像借書或玩具一樣借手機！
這是基本常識！

※記錄：收發資料的歷程，如：與哪些人通話、在哪裡購買哪些物品、下載哪些檔案、瀏覽哪些網頁等。

不過我有看到一部很有趣的影片，我找給你看。
輸入「帳號」，輸入「密碼」……
奇怪？
為什麼不能「登入」？
小夫的表情好像不太對？
可能是「帳號」或「密碼」輸入錯誤，所以無法登入吧。
聽不懂。
「帳號」和「密碼」是用來確定為本人的機制，
OOPS!!
動画
帳號
密碼
下次自動登入
登入
這裡的帳號和密碼如果吻合，就確定為本人，可以使用App。
這就是「登入」。

相反的，用完App後要「登出」
App
意思是應用程式，也就是為了特定用途與目的，如：地圖、電子郵件等所開發的專用程式。
請問是否登出服務？
登出
取消

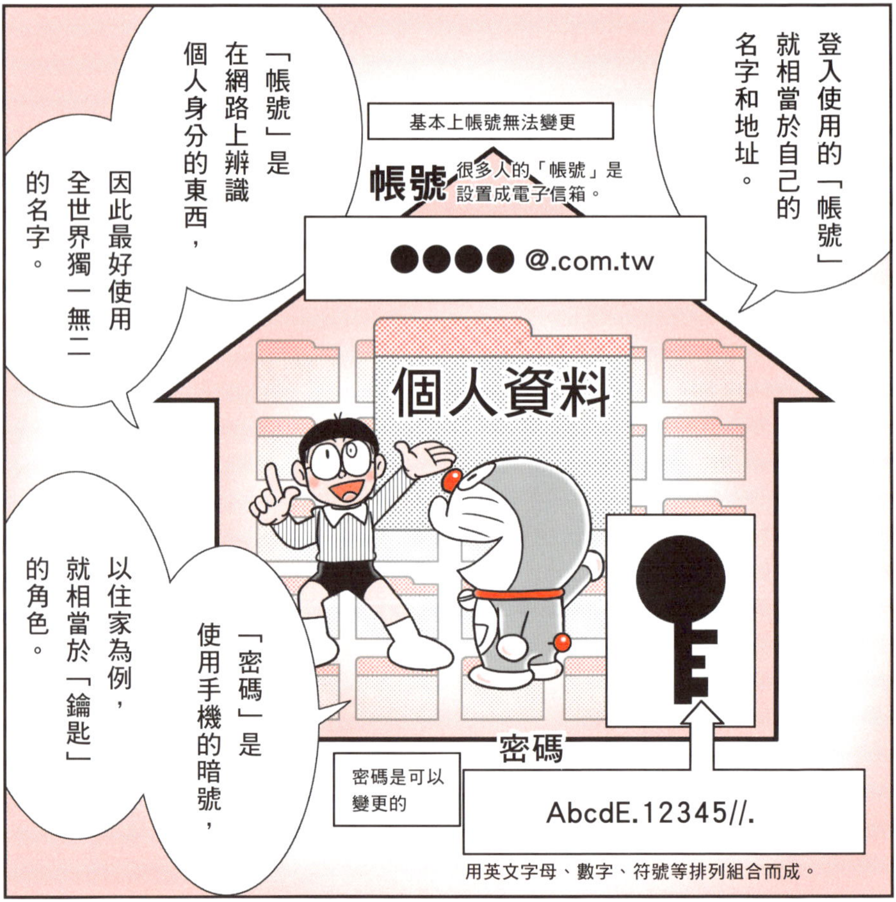
登入使用的「帳號」就相當於自己的名字和地址。
「帳號」是在網路上辨識個人身分的東西，
因此最好使用全世界獨一無二的名字。
基本上帳號無法變更
帳號
很多人的「帳號」是設置成電子信箱。
●●●● @.com.tw
個人資料
「密碼」是使用手機的暗號，
以住家為例，就相當於「鑰匙」的角色。
密碼
密碼是可以變更的
AbcdE.12345//.
用英文字母、數字、符號等排列組合而成。

用手機好像很麻煩耶。
我真的有辦法用手機嗎？
別擔心！一個一個慢慢記住就好！
我想到了！
之前我改過密碼，
才會無法登入。
我設成只有我知道的暗號，但……
我忘記怎麼破解了……
秘
使用「暗號解讀機」，
任何暗號都能破解！

※答對了！

從上面放入這張便條紙。
繞圈閱讀白色部分就是……
B.o.n.e.R.i.v.e.r
0.2?
英文是小夫的姓「骨川」的英文拼音，數字是小夫的生日！
当たり！
答案就會從下方出來。
我懂了！
你為什麼要改密碼？
很多人習慣全都設定成相同密碼，
但為了安全起見，最好別這樣。
為什麼？
密碼 abcd1234
A網站
密碼 abcd1234
B網站
App A
密碼 abcd1234
App B
密碼 abcd1234
ID
PW
abcd1234
ログイン

網路世界中，處理個資管理的機器是「伺服器」。
伺服器
HACKER
有人會攻擊這個伺服器竊取資訊，
有時我們不會發現自己的密碼被偷走了。
如果每個地方都使用相同密碼的話，自己使用的其他網站很可能遭非法入侵。
密碼
abcd1234
A網站
成功偷走密碼
用偷來的密碼進入其他網站
密碼
abcd1234
B網站
收到信的人不小心就輸入了密碼。
某社群網站感染電腦病毒。請立即從下方網站下載。
請由此進入
登入
還有很多竊取個資的詐騙信。
怪不得需要雙重認證，
還需要換密碼，提高安全性。

最重要的是，知道手機和平板的世界存在著很多危險。
如果想知道如何安全的使用手機和平板，就必須事先知道有哪些危險。
在社群網站上受害的危險性
意想不到的不當存取
交友網站
電腦病毒的危害
有害網站
網路成癮危害生活！
下載引發侵權、違反著作權
網路購物的危害
線上遊戲網站的傷害！
電子布告欄的可怕
垃圾郵件的危害
免費Wi-Fi的危險
違法網站

利用防毒軟體、網頁過濾服務等防止這類危險，就是安全使用手機的第一步。
我準備得很周全，連防病毒都有！
家長監護服務
違法網站
影音網站、部落格、社群網站
有害網站
防毒軟體

謝謝你，小夫，我知道安全使用手機的方法了。
小夫很懂手機呢。
沒有啦，還有很多要學的。
改天有不懂的地方再問你。
對了，我還沒給你看我在網路上看到的影片。
帳號和……
※驚！
你的密碼我記住了，Bon……
え!?
你要是用我的密碼亂來，我絕不饒你！
早知道就不說了！
我們快點登出這裡吧！

認識軟體與硬體

接下來將開始介紹如何安心、安全且愉快的使用平板電腦和智慧型手機。

平板電腦和智慧型手機等「機械」稱為**硬體**，讓硬體能夠做到各種事情的「程式」稱為**軟體**。

硬體裡必然都預先裝載了**OS**（作業系統），這是用來操控平板電腦和智慧型手機各項功能的基礎軟體。**App**（應用程式）是架構在硬體與**OS**上使用的。沒錯，就是在平板電腦和智慧型手機的螢幕上一個個整齊排列的那些小圖案（圖示），也就是看影片、聽音樂、貼文等的

購買智慧型手機時，可以設定成使用須付費的通訊系統（行動上網服務），但平板電腦分成可行動上網與不可行動上網的機種。
不可行動上網的平板電腦，只有在Wi-Fi的環境下，才能夠無線上網。

入口。

購入平板電腦和智慧型手機的時候，硬體內多半都已經預先安裝了可以在網路上瀏覽網頁的App（**網頁瀏覽器**）、收發訊息的App等必備功能的App，只要能夠上網就能夠使用。

除此之外，還可以自己挑選下載符合個人嗜好與興趣的App，例如聽音樂或看影片的App。自己客製化需要或喜歡的App，讓你的智慧型手機和平板電腦變得更加實用。

基本的App（範例）

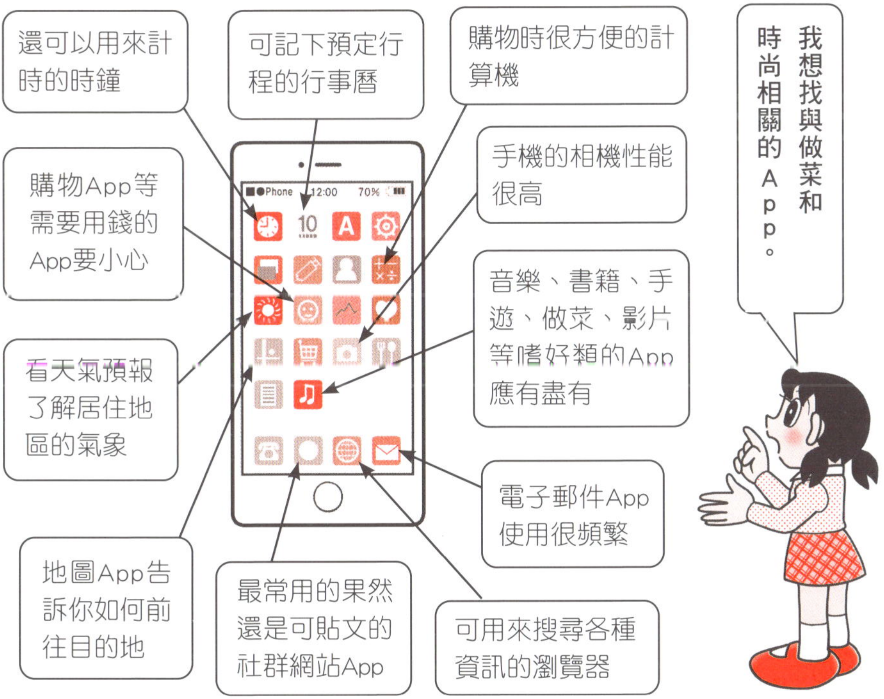
還可以用來計時的時鐘
可記下預定行程的行事曆
購物時很方便的計算機
我想找與做菜和時尚相關的App。
購物App等需要用錢的App要小心
手機的相機性能很高
看天氣預報了解居住地區的氣象
音樂、書籍、手遊、做菜、影片等嗜好類的App應有盡有
電子郵件App使用很頻繁
地圖App告訴你如何前往目的地
最常用的果然還是可貼文的社群網站App
可用來搜尋各種資訊的瀏覽器

帳號是什麼？密碼又是什麼？

在智慧型手機和平板電腦上瀏覽網站或是使用App，少不了會有需要用到**帳號**和**密碼**的時候。

帳號是類似名字的東西，可以被用來分辨網路上的每位使用者。多半是使用者的電子信箱，有些可以讓使用者根據日常詞彙自行決定（例如：寵物的名字）。

另外就是，收發電子郵件或購物的時候，會需要輸入（照理說）只有帳號持有人才知道的祕密暗號，也就是**密碼**。

密碼通常可以由大小寫的英文字母、

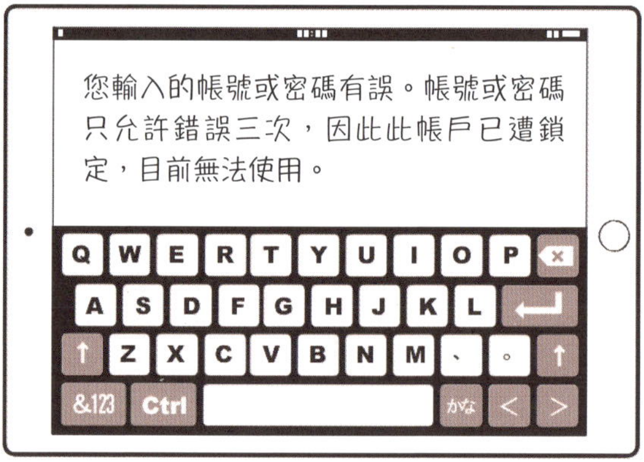

您輸入的帳號或密碼有誤。帳號或密碼只允許錯誤三次，因此此帳戶已遭鎖定，目前無法使用。

哇啊啊，喜歡的手遊不能玩了！
誰叫你沒有好好管理帳號和密碼……

數字、符號等排列組合而成。

有些網站在造訪時，需要同時輸入帳號和密碼。設定好的密碼如果與輸入的帳號不相符，螢幕上會出現「帳號或密碼錯誤」，當然也就無法使用該服務。

因此帳號和密碼必須視為一組並好好管理。另外，也不要每個網站和App都使用同樣的密碼，分別設置不同的密碼比較安全。

也不需要做到那種程度……
密碼

密碼設定成生日比較好記住？

假如使用別人很容易猜到的密碼……

既然密碼可以自行決定，那當然是選擇好記的密碼最方便了。有些人會用自己的生日、住處地址等當作密碼，但各位**千萬不要這樣做**。

密碼十分重要，所以**千萬不可以設定成別人立刻就能想到的內容**。

在網路世界，第一次使用某App或某網站時，會需要先自己設定個人的**帳號和密碼**，**建立帳戶，登入後就可以使用該服務**（有時帳號是由經營App或網站的公司決定）。

我找到有人的帳號是「birthday」，
密碼一定就是生日了。
輸入0123，中了！輕輕鬆鬆就能猜到。
我就偷他的帳戶，用光累積的點數，順便發送惡作劇電子郵件！

下次進入該App或網站時，必然會出現「請輸入帳號和密碼」的畫面。此時如果沒有輸入當初註冊時的帳號和密碼，就無法使用該App或網站。

在網路世界裡，這樣的機制基本上能夠保護個人的安全。帳號一旦被盜用，對方就能夠以你的身分使用你原本在用的App，甚至還可能用來做壞事！所以密碼不可以設定得太簡單。

居然拿生日當密碼……
就會碰到這種破解又亂用的人，很危險！
必須小心才行！

密碼如何決定？

使用銀行的提款機（ATM）時，或是解除智慧型手機的鎖定畫面時，需要輸入預設好的「6～12位數的數字」，這也是密碼的一種，但設定的數字不可以與生日、地址有關。

在網路世界設定密碼時，通常要求的條件是「**英文字母（大小寫有別）與數字混合而成，8字元以上，20字元以內**」的密碼。使用的字元種類和字數越多，密碼就越不容易遭到破解。

此外，銀行、信用卡等與錢財有關的

這種密碼不合格！

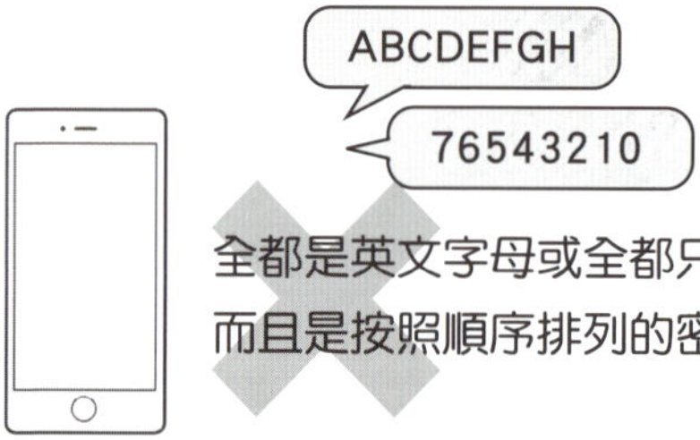

ABCDEFGH
76543210

全都是英文字母或全都只有數字，而且是按照順序排列的密碼。

doraemon
19640807

只用自己的名字或生日做成的密碼。

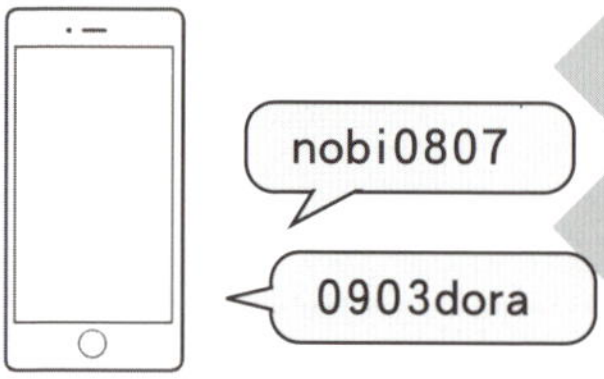

nobi0807
0903dora

英文字母與數字的組合很好，但名字和生日組合成的密碼，也很容易破解。

App和網站，有時會要求每三個月至半年更換一次密碼，這也是為了避免壞人花時間破解密碼的一項安全措施。建議各位也要頻繁更換密碼。

這種密碼就沒問題！

Qq3hW2x7
ct9@RF5*

基本上使用「英文字母大小寫」、「數字」，有時還可加上「符號」，這樣排列組合成的「毫無意義字元列」密碼。

PcU40seK6b
no0*PmY7@5

密碼長度超過規定的最少字數更好。

最近設定密碼時，有些網站還會顯示「危險高低」。顯示為「高危險」的密碼最好別使用比較安全。
我知道那樣比較安全，可是我怕記不住……
避免忘記的一個方法，就是寫在紙上藏好，不要弄丟。

守護大家的安全模式，協助過濾不當內容！

我們常常很難分辨哪些網站和App安全、哪些網站和App危險，事實上就曾經有一些讓人以為是電玩網站的網頁，進入使用後才發現其實是賭博網站，導致家人破費的例子。

因此日本於二〇一八年修訂《青少年安心安全利用網路環境法》，當中規定未滿十八歲的青少年，向家長要求持有智慧型手機或是想要換手機時，手機廠商必須提供**網頁過濾服務**。

網頁過濾服務具有可限制造訪可疑網站、防止長時間使用手機的功能，可以有效幫助青少年安心使用智慧型手機。「手機使用到幾點為止」、「封鎖兒少不宜的網站」等設定，能夠降低兒少捲入危險的風險。

（台灣雖沒有強制規定手機廠商提供，但各大電信商都有提供類似的網頁過濾與上網時間管制的服務，可供家長加購。不同品牌的智慧型手機也都有內建類似的功能，應用程式商店也能找到近似功能的App。）

※賭博：用金錢做賭注競爭輸贏的意思。基本規則是贏了能夠增加財富，輸了就必須付錢。法律禁止未滿十八歲的兒少接觸賭博。

何謂網頁過濾服務？

主要是針對未滿十八歲的ICT裝置使用者，防止他們造訪「有害網站」，能夠安心上網的服務。

過濾好處 1

可限制兒童使用有害網站和App。

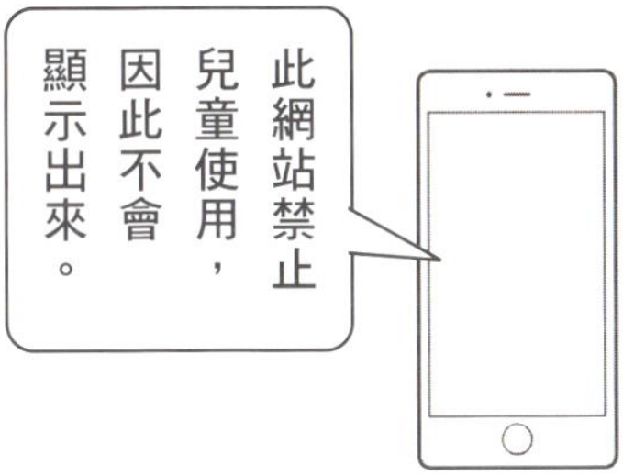
此網站禁止兒童使用，因此不會顯示出來。

過濾好處 2

到了設定的時間，就無法使用App或上網。

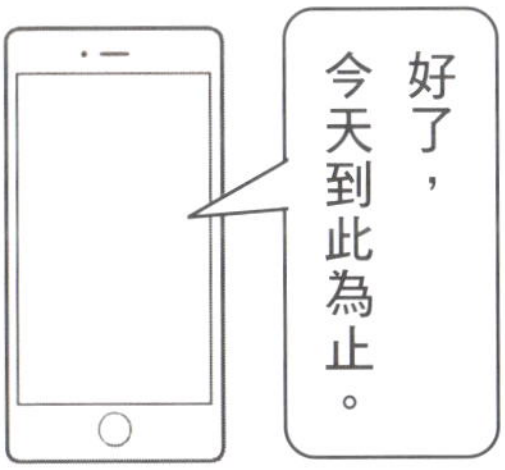
好了，今天到此為止。

過濾好處 3

家長可以利用GPS確認帶著智慧型手機的兒童在哪裡，太晚回家時也有助於防止犯罪。

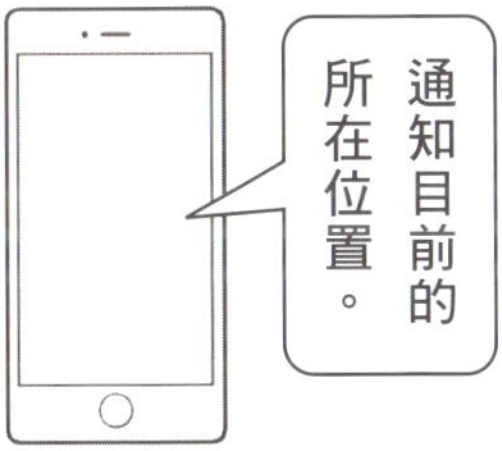
通知目前的所在位置。

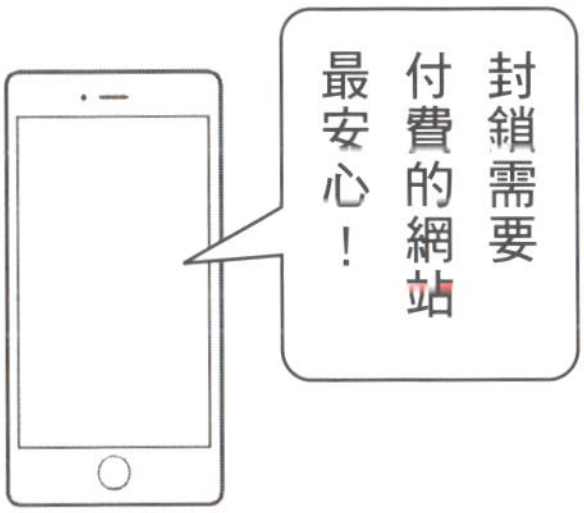
封鎖需要付費的網站最安心！

過濾好處 4

可防止兒童不小心下載需付費的App或誤用App內的付費功能。

【寫給家長】
家長為了兒童的安全著想，謹慎審視ICT裝置的使用環境，稱為「家長管理功能」。「網頁過濾服務」可分別設定不同App的使用許可、設定使用時間，各種管理細節都能夠顧到。

善用防毒軟體

驅動平板電腦和智慧型手機的OS作業系統（參見三十四頁），出廠預設值就安裝有保護個人資料（參見三十八頁）、提醒危險App的功能。

儘管如此，這些都只是基本功能，光靠這些不能百分百安心。

因此，為了能更安心的使用平板電腦和智慧型手機，很多使用者會自行安裝**防毒軟體**。有了防毒軟體就能防止電腦病毒（參見三十八頁）入侵，掃描並通知危險的App和網站，大幅提升安全性。

你真可靠！
我負責防止電腦病毒入侵，維護使用者安全！
我會對危險網站提出警告，預防使用者受害！
我會保護各種個資，包括網頁瀏覽的歷史記錄！
Security

防毒軟體的種類有非常多種，包括專門的軟體公司開發的防毒軟體、智慧型手機廠商自行開發的防毒軟體等等。不論是剛拿到平板電腦和智慧型手機的人，或是已經使用智慧型手機一段時間的人，都應該好好考慮安裝防毒軟體的必要性。

防毒軟體會不斷的更新與改版，購買智慧型手機時可以向店員請教。

這警告聲是什麼？
防毒軟體通知胖虎逼近中，快逃！
ビ〜ッ
ビ〜ッ
ビ〜ッ

※嗶嗶嗶

第2章

檢查看看是否理解了！答題時間

請在口裡填入正確的詞彙！

❶搭配密碼一起使用、類似網路使用者個人名字的東西，稱為什麼？

❷「密碼很重要，所以最好設定成生日等比較好記。」這句話是正確還是錯誤？

❸「每個網站和App都設成同一個密碼還是很安全。」這句話是正確還是錯誤？

❹主要是針對未滿十八歲的智慧型手機使用者，用來限制造訪「有害網站」、協助安心上網的服務，稱為什麼？

❺協助防止病毒入侵、掃描並通知危險App和網站的軟體，稱為什麼？

【答案】❶帳號 ❷錯誤 ❸錯誤 ❹網頁過濾服務 ❺防毒軟體

第3章
下載必須小心
你為什麼一直盯著小翼的海報？
小翼的新歌搶先在網路上發行數位版了。
因為哆啦A夢是小翼的歌迷嘛。
真想早點聽到，可惜我沒有手機也沒有平板。
我們只能聽CD……

這首歌？
是小翼的歌聲！
從樓下傳來的！
媽媽！
抱歉，我太大聲了？
一聽說我喜歡的電視廣告歌曲是小翼唱的，
我就忍不住下載來聽了。
我都忘了爸爸的平板放在家裡。

歌曲和音樂MV同時發行喔。
平板的螢幕很大，小翼的表情看得很清楚呢！
小翼最棒了！
媽媽，這個要付錢嗎？
當然要，怎麼了？
前不久我在放學回家的路上……
我找到可以免費下載熱門歌曲的網站，
裡面有上千首歌喔。
上千首而且免費，
超讚耶！
……聽到他們這樣說。

我確實聽靜香的媽媽說過，有些官方網站會提供免費下載。
靜香的媽媽？
對了，靜香媽媽提過她下載了小時候看過的動畫！
沒錯，靜香的媽媽很清楚如何使用平板。
所以前不久我向她請教過下載等事情。
不過，她告訴我下載時要小心非法網站。
非法網站
非法網站？

能夠下載歌曲和影片的網站，有的是可以放心使用的官方網站，但有的是仿冒官方網站來騙我們的非法網站。
上架歌曲數量破金氏世界紀錄：世界第一
音樂下載Best100
串流音樂
官方網站是由小翼所屬的唱片公司等音樂製作公司開設並管理。
最新排名
綜合排名
伊藤翼 新歌●月
非法網站則是未經音樂公司許可，私自架設的網站。
abcdef.xyz.pp
可疑的網址
動漫
J.POP
使用未經許可的照片，做出與正式授權網頁一模一樣的網頁。
新歌將在●月●日（週●）
搶先上架！
多謝宝宝們的支持
仔細看會發現不是繁體中文。
這類非法網站所做的是侵害權利的惡劣行為。

※譯註：台灣經濟部智慧財產局「著作權基本概念篇」著作權範圍：詩詞、散文、演講（語文著作）、詞、曲（音樂著作）、漫畫、水彩畫、油畫（美術著作）、地圖、工程圖（圖形著作）、電影、動畫（視聽著作）、戲劇、舞蹈著作、錄音著作、建築著作、電腦程式著作及表演等

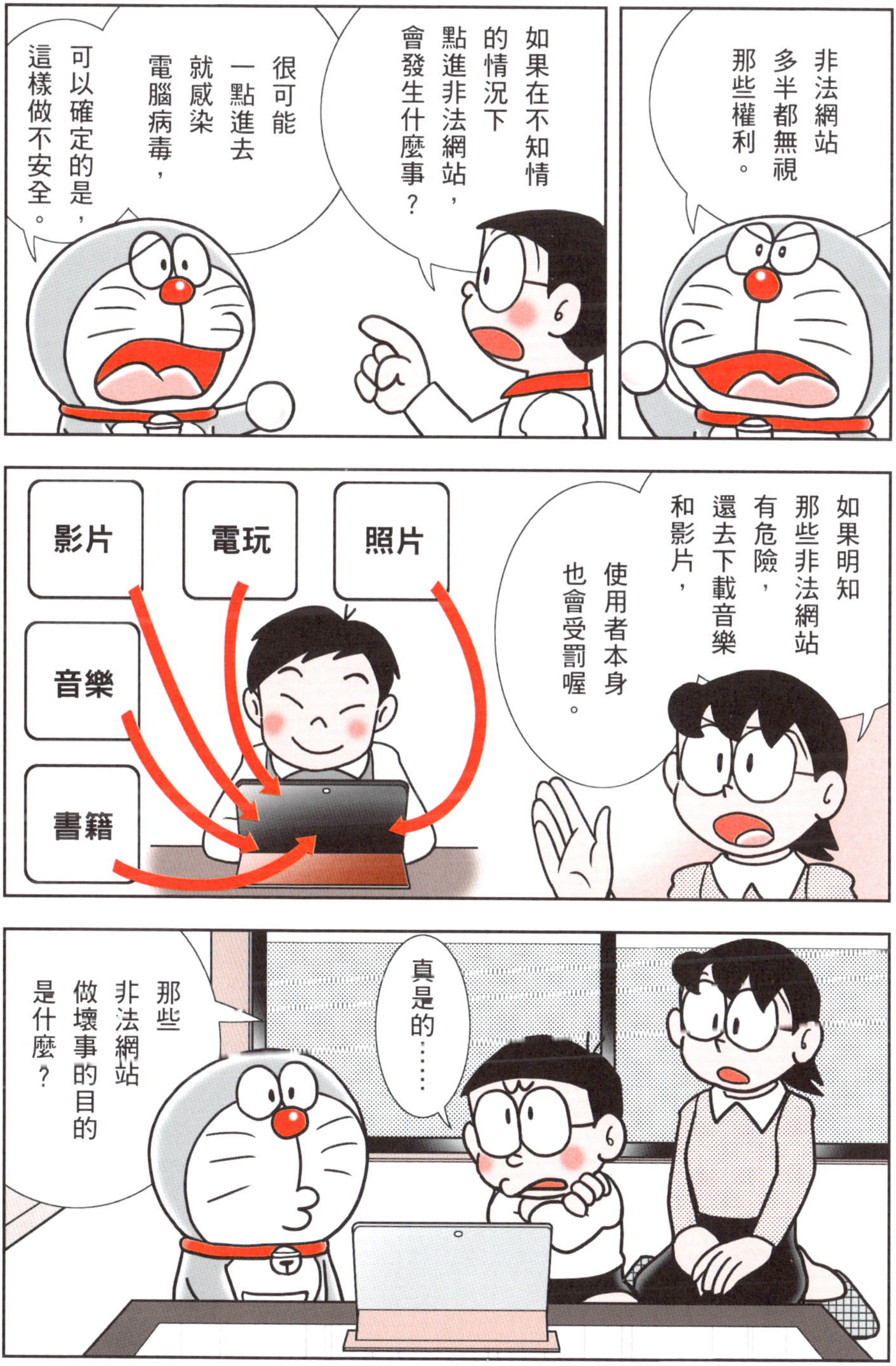
非法網站多半都無視那些權利。
如果在不知情的情況下點進非法網站，會發生什麼事？
很可能一點進去就感染電腦病毒，
可以確定的是，這樣做不安全。
如果明知那些非法網站有危險，還去下載音樂和影片，
使用者本身也會受罰喔。
照片
電玩
影片
音樂
書籍
真是的……
那些非法網站做壞事的目的是什麼？

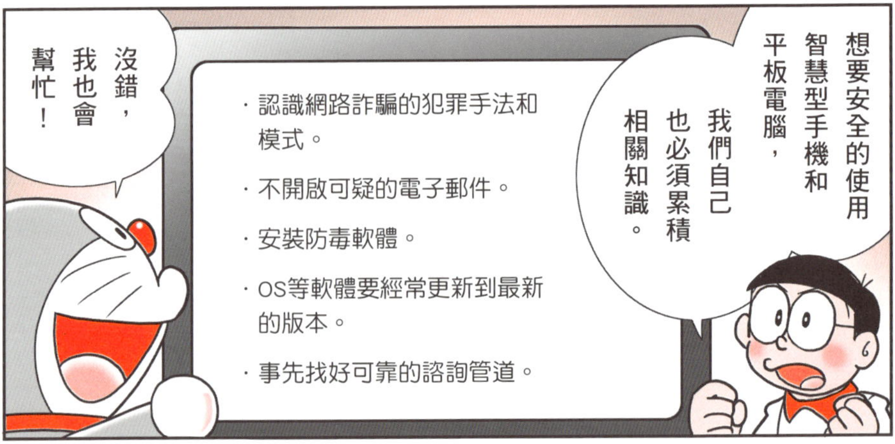

※詐欺：意思是欺騙他人，造成他人損失。

※盜版連結網站：誘導使用者進入各種非法內容網頁的連結網站。

我聽說網路上有好幾個非法網站有大雄喜歡的動畫和漫畫，
如果大雄上那種網站下載該怎麼辦？
有動畫和漫畫的網站？
媽媽，快告訴我在哪裡？怎麼連上漫畫網站？
雖然非法網站很危險，但太多嘴似乎對錢包也很危險呢。

下載是什麼？

透過網頁瀏覽器或App將網路上的音樂、影片等檔案，儲存到自己的智慧型手機或平板電腦中，就稱為**下載**。

使用**官方網站**或**官方App**下載喜歡的軟體，隨時隨地都能夠安心實現下列的事項。

接下來就要告訴各位，**合法使用**智慧型手機和平板電腦能夠做到哪些事情！

還可以看歌詞喔！

●能夠聽音樂。

看電影真快樂！

●能夠看電影。

一天30分鐘
在有Wi-Fi的地方使用，
是我和爸爸約好的規則。

●能夠打電動。

我學會新的
翻花繩圖案了！

●能夠觀看自己感興趣的影片。

30分鐘後雨就停了！

●能夠取得氣象預報和最新新聞。

那部小說的犯人是偵探。
喂！不准爆雷！

●能夠看書、看漫畫。

看得到學習記錄，還可以查單字。

●能夠用來上課和查資料。

讓您久等了！10個銅鑼燒
送來了！

●能夠訂外送。

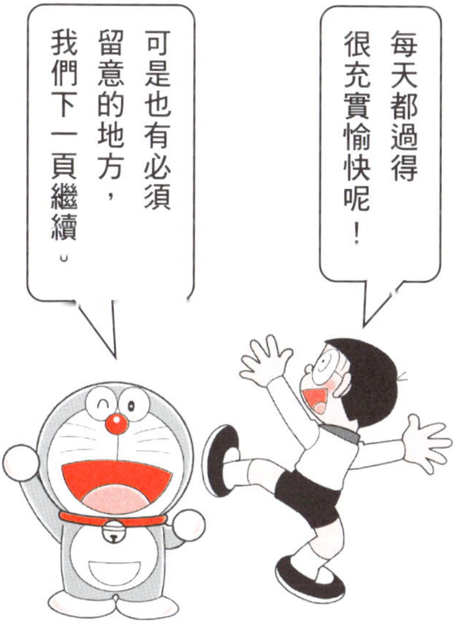
每天都過得很充實愉快呢！
可是也有必須留意的地方，我們下一頁繼續。

入場時嗶一下。
ピッ！
不用擔心弄丟紙本票券。

●能夠當作電影或體育賽事門票。

利用官方網站和官方App

在智慧型手機和平板電腦上下載音樂和影片時，有一個相當重要的規則必須遵守，那就是一定要「使用官方網站或官方App」。

假設你想下載心儀偶像的歌曲，搜尋網站後找到A、B這兩個網站：

A網站：偶像所屬的公司或該公司授權允許經營的官方網站。

B網站：不清楚經營的公司是哪家，可以免費下載任何歌曲的網站。

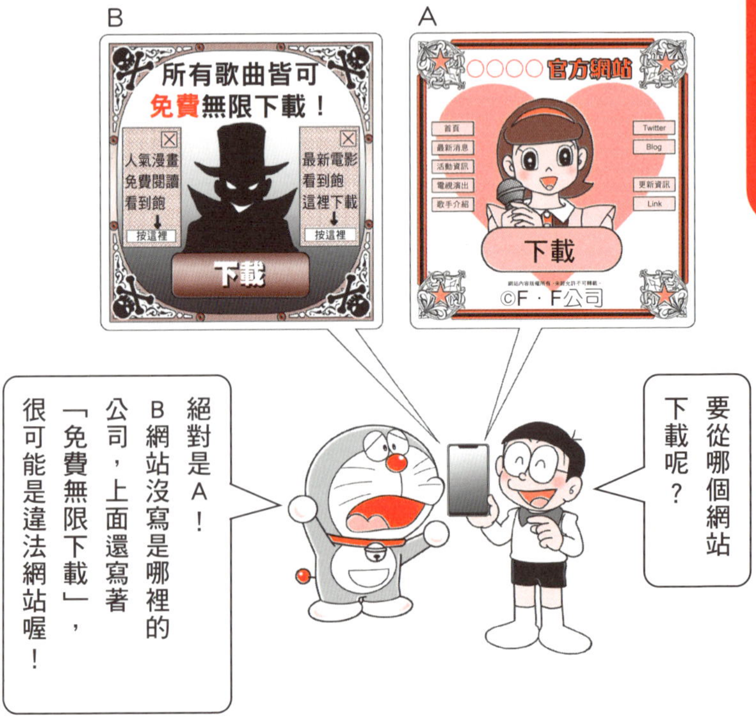

A
○○○○官方網站
首頁
最新消息
活動資訊
電視演出
歌手介紹
Twitter
Blog
更新資訊
Link
下載
©F・F公司
B
所有歌曲皆可免費無限下載！
人氣漫畫免費閱讀看到飽
按這裡
最新電影看到飽這裡下載
按這裡
下載
要從哪個網站下載呢？
絕對是A！B網站沒寫是哪裡的公司，上面還寫著「免費無限下載」，很可能是違法網站喔！

問問各位，應該要從哪一個網站下載才對呢？

沒錯，正確的答案就是A網站。下載時，「不管怎麼看都一定要**使用官方網站**和**官方App**」，這一點很重要。還有，B網站可能是非官方的**非法網站**。從非法網站下載音樂和影片，不僅非法網站的經營者，下載的人也會受到法律制裁，千萬要注意！

Q：為什麼「非法網站」不會減少？

A：儲存非法檔案的伺服器多半不在國內，而是設置在國外，所以政府通常無法有什麼作為。

Q：設置「非法網站」的人有什麼目的？

A：免費利用人氣偶像或藝人，讓許多人造訪他們的非法網站，目的是賺取廣告費等（在網路世界，基本上網站的造訪次數越多，能夠獲得越多錢）。

Q：「非法網站」本身不危險嗎？

A：十分危險，很可能不知不覺間感染電腦病毒，或是智慧型手機遭入侵盜用等。

下載的規則

從官方網站下載音樂和影片時，也必須確認是免費或需要付費。

常見的模式是「不下載只試聽免費，但下載需要付費」。這類條件如果沒有事先確認清楚，隨意下載，很可能會收到昂貴的帳單。還有一種是「第一個月免費，次月起收費」，總之十分複雜。

現在的主流是訂閱制，只要繳納會費就能夠使用豐富的音樂和圖像。假如家裡已經有人使用這類服務的話，可以問問是否有家庭會員的選項。

我可以從這個網站下載音樂嗎？
這個是官方網站，而且不用付費，可以！
你有好好遵守約定問過我們，我們就放心了。

各位在擁有智慧型手機之後，需要付費的服務多半是從家長的信用卡支付，因此下載時或是使用訂閱制服務之前，請務必要**與家長商量，取得最終許可**，這是最重要的規則。各位使用智慧型手機、平板電腦時「務必要與家長商量」才能夠提高在家長心中的可信度。

我喜歡電影，所以加入媽媽使用的訂閱制※服務的家庭成員。

※訂閱制：這裡是指能夠選看眾多電影等影片的定額制付費服務。

著作權是什麼？

創作者本身正式發布的音樂和影片，如果是用作自己欣賞自然沒問題，但是絕對不可以未經影音創作者許可，就私自下載，並轉發給朋友說：「這個很讚呢！」也不可以重新編輯後，上傳至網路上給非特定多數人觀賞。

創作者對於自己創作的音樂、影片、照片等作品擁有「著作權」，其他人不可以沒經過同意就擅自使用這些作品。未經許可二次使用（重製）「著作權」持有人的作品，就是違反「著作權法」，並且會受到法律制裁。

如果想借用朋友拍下的照片、寫下的文字等，也請務必要取得創作者本人的許可，尊重著作權。

未經許可使用朋友拍的照片、畫的圖畫，也是違反著作權喔！

禁止私自進行二次使用（重製）的著作物範例

音樂（詞、曲）

影片、電影

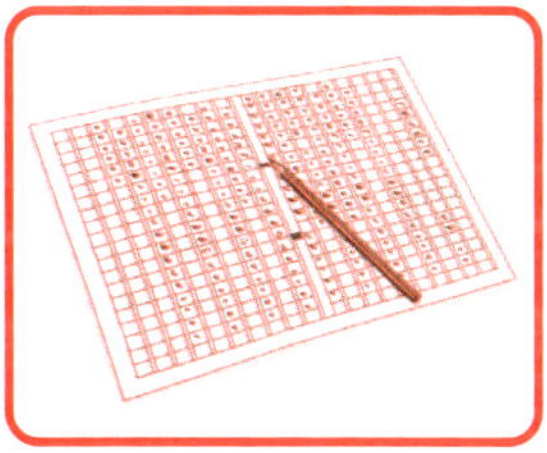
文章

電視和廣播節目、
新聞報導

書籍、漫畫

照片

世界上有好多東西都有著作權呢！
明知道上傳的著作物是違法的卻還是使用，使用者也是違法喔！

保護喜歡的作品要靠你自己！

接下來，我們來想想「著作權」為什麼重要。

創作音樂、電影、書籍的人，是從觀賞作品的人手中賺取費用，用這筆錢繼續創作出新作品，所以這世界上才能夠不斷出現優秀的音樂、電影、漫畫等。

然而，作品如果出現在非法網站上，創作者就無法拿到錢，影響到創作者的生活，最終他們再也沒有經費繼續創作。

各位應該不希望無法繼續看到自己喜歡的作品，或是無法繼續聽到心儀偶像的歌曲吧。**不使用非法網站，才是對作品的愛護，才能夠保護你喜歡的作品。**

下載只給自己看，應該沒關係吧？
非法網站
大雄，不可以！

一般社團法人日本唱片協會 提供

L標誌

此標誌證明該網站上的音樂和電影是合法提供。標誌通常放在官方網站的首頁底下與播放頁等地方。

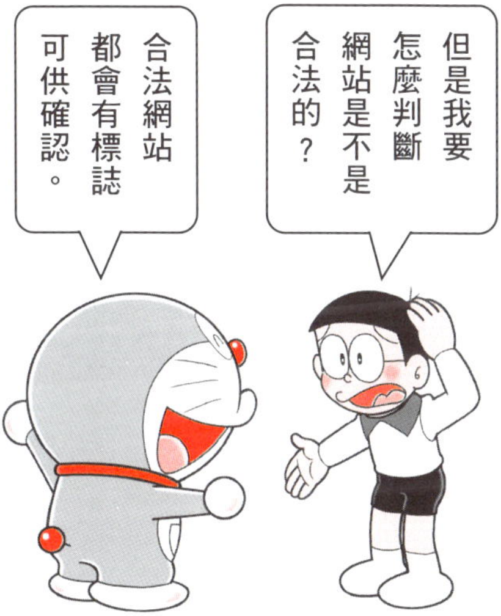
但是我要怎麼判斷網站是不是合法的？
合法網站都會有標誌可供確認。

有L標誌的網站就能夠安心下載觀賞影音內容。

Authorized Books of Japan

ABJ

54329876

ABJ標誌

此標誌表示該網站上的書籍和漫畫都已取得著作權人授權，可以合法使用。

為了保護著作權，也為了保護自己的智慧型手機，請使用合法網站觀賞音樂和影片！

使用電子書時，選擇有這個標誌的網站最安全。

肖像權是什麼？

社群網站（參見一一八頁）上有設定個人資料（自我介紹）的頁面，還能夠顯示頭像，很多人都會使用自己的照片或寵物的照片。

不過，也有些人會在個人資料的頁面上，選用自己喜歡的偶像或動漫角色當頭像。這種行為其實已經違法侵犯了「肖像權」。

你或許以為你使用偶像的照片，他們會很開心，這個誤會可大了！從那一張照片衍生出的經濟利益，你的偶像和偶像所隸屬的經紀公司具有獨佔的權利（公開發表權），換句話說，使用偶像的照片當頭像，侵犯到「肖像權」和「公開發表權」這兩項權利。

此外，一般人當然也有「肖像權」，未經許可拍攝人物或使用他人照片，都是法律上禁止的行為。因此上傳照片到社群網站時必須注意喔。

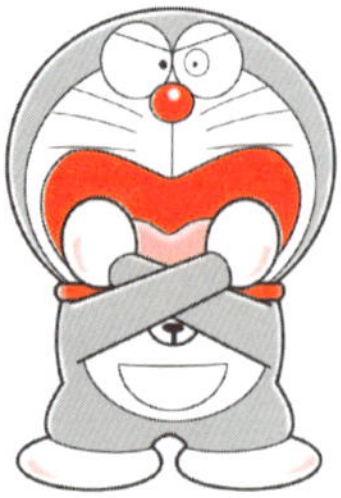

多人合照的照片，只要取得所有人同意就能夠上傳社群網站，但是……

照片中有我，這張照片就是我的東西，刪掉！
因為沒有取得被拍攝者的許可……
不能上傳社群網站對吧？

如果無法取得被拍攝者的許可，就不能上傳社群網站（只要遮住臉就OK）。

拍得真好！

假如你以為自己拍的偶像照片可以擅自上傳社群網站……

貼文已刪除。
咦？被刪掉了？這樣也侵犯肖像權？

就會被判斷為侵犯肖像權和公開發表權。

※從影片能夠輕易知道自己和朋友的住家位置、學校和上下學路線、常去的場所、家庭成員和自用車的種類等，十分危險，因此上傳影片和照片到社群網站時，尤其要注意檢查是否拍到這些內容。

請在口裡填入正確的詞彙！

第3章

檢查看看是否理解了！答題時間

❶將網路上的音樂和影片等檔案，放進自己的智慧型手機或平板電腦中保存，稱為什麼？

❷「使用者從非法網站下載音樂和影片也不會受罰。」這句話是正確還是錯誤？

❸音樂和影片等的作品創作者擁有、且他人不得擅自使用其作品的權利，稱為什麼？

❹「朋友畫的圖畫很好看，所以我很好心的替對方上傳到網路上，沒有取得對方同意。」這樣的行為是正確還是錯誤？

❺禁止未經許可拍攝露臉照片，或使用該照片，這是根據何種權利？

【答案】❶下載 ❷錯誤 ❸著作權 ❹錯誤 ❺肖像權

第4章
假訊息最討厭！
出木杉，你說的是真的嗎？
真的，所以我們最好也要小心。
你們在聊什麼？

聽說隔壁班的人收到足球選手五賣的來信。
你是說那位在世足賽上表現耀眼的五賣魂具選手？

沒錯，可是那位同學之前沒有見過五賣選手。
沒見過卻寫信來，不覺得很不合理嗎？
我也是這麼想，所以請他把信轉給我調查。
ピッ ピッ ピッ ピッ
※嗶嗶嗶嗶
這就是那封信。
你好！謝謝你一直以來的支持。我為你準備了一支特別的影片，請點擊這裡觀看！
五賣
怎麼看怎麼可疑。
有嗎？我看不出來哪裡可疑。
我們按照信裡寫的看過影片就知道了吧？
我先說結論，
這封五賣選手的信是假的！

為什麼？你有證據嗎？
這封信本身就是證據。
就像靜香剛說的，
沒見過的名人怎麼可能突然來信。
而且這封信裡甚至沒提到那位同學的名字。
我是靜香，星期天要在家裡辦派對，大雄、哆啦A夢、小夫、胖虎，你們有空參加嗎？
靜香
一般來說寫信時都會提到自己和對方的名字。
這封電子郵件是隨機寄給任何人的！
沒錯，而這位同學只是偶然收到信！

我查了一下發現這是「釣魚郵件」，是一種騙人的郵件。
你好！謝謝你一直以來的支持。我為你準備了一支特別的影片，請點擊這裡觀看！
五賣
釣魚郵件？
釣魚郵件
這種詐騙郵件的目的，是竊取個資和金錢。
垃圾郵件
這種詐騙郵件的目的，是無視使用者的意願單方面推送廣告郵件。
病毒郵件
這種詐騙郵件的目的，是讓電腦感染病毒。
連鎖郵件
這種詐騙郵件的目的，是要讓收件人轉寄給其他人。
按下「這裡」輸入帳號和密碼
釣魚郵件
竊取個資
就是非法利用電子郵件來詐騙資訊誘人上當，藉此騙取個資。
如果按下郵件裡的紅字「這裡」。
請輸入您所使用的智慧型手機的帳號和密碼！
帳號
密碼
輸入完畢，點擊這裡可以觀賞特別影片喔！
就會出現對話框，讓你輸入「帳號」和「密碼」。

胖虎，你看到這封信時，曾說「看過影片就知道了」對吧？
我的確說過。
如果你是用自己的手機看，個資早就被偷走了。
對耶！
之後對方就會盜用胖虎的身分隨意的使用你的手機。
如果出木杉沒有告訴我們，情況可就慘了。
謝了！我的知心好友！
※緊抱
可是光靠自己注意還是不放心啊。
有沒有什麼好方法能夠杜絕呢？
第一步就是安裝防毒軟體。
BARRIER
防毒軟體

手機裝上防毒軟體，當你連上危險網站或有病毒時，就會通知你。
對付危險網站
對付病毒
對付危險Wi-Fi
對付詐騙郵件
對付詐騙電話

#s%!9k&&abcd?@jjpxxxxy
再來就是收到可疑郵件時，檢查寄件人的電子信箱。
真的耶！這個電子信箱，
地址亂七八糟的，未免太可疑了！

我們的電子郵件往來只有家人和朋友，
所以最好事先存進通訊錄。
小由
一君
佳奈
補習班 南老師
原來如此。
有些手機可以設定成封鎖通訊錄以外的電子信箱來信。
tanin@×××.com 寄來的電子郵件。此信箱不在通訊錄中，封鎖！
sizuka@×××.com 寄來的電子郵件。此信箱在通訊錄裡，沒問題！
收到新郵件！
好辦法！
我這就去告訴他，先走了！
謝謝你告訴我們這麼重要的訊息?!

又學到一個安全使用手機的方法。
你在寫什麼？
記了好多筆記！
你在學習使用手機吧！
大雄，真了不起，我也應該多學學。
大雄學了不少，爸媽應該很快就會買手機給你吧！
希望會。
很好！等大雄拿到手機，我就辦一場演唱會慶祝！
咦!!

順便在這塊空地拍攝演唱會實況……
又來了，胖虎一定是打算用手機直播自己的演唱會……
他都不知道自己的歌聲比病毒信還毒……
謝謝你告訴我啊，小夫……
本大爺的歌聲怎樣了？
你再說一遍啊！
救命啊！有沒有人可以幫我做出能夠防胖虎的防毒軟體啊！

網路上充滿著各種錯假訊息

某天網路上出現一則消息：「日本足球選手A決定加盟歐洲球隊。」他的支持者十分驚訝，紛紛在社群網站上轉發這則新聞。這種反應很常見，而且事實上也真的很多日本選手會轉到歐洲的球隊踢球，因此民眾都相信了這則新聞。然而，A選手很快就透過自己的社群帳號發表：「各位請放心，無論我或是球隊都沒有接獲這類邀請，本人明年也將在現在的球隊繼續打拚。」換句話說那是一則錯假訊息（假新聞、謠言）。

有不少人以為新聞報導的一定是真的，然而在網路世界必須留意的是——假新聞很多。此外，請各位一定要避免沒有確認消息真假就轉發散播的習慣。很多人在發現自己不小心用社群帳號轉發了錯假訊息後，就會在自己的帳號上道歉、向朋友道歉。事先確認過消息真假才不會陷入這種窘境。

面對錯假訊息如何不上當？

①檢查消息發文者是否為可信賴的公司。

發布消息的源頭如果是報社或新聞媒體，可信度會比較高。

②檢查消息是否有多家電視台和報紙等媒體報導。

今天下午三點●●●在◆◆◆進行▲▲▲。
NEWS

③檢查該消息是否過時、是何時的消息。

幾天之前的消息，狀況或許已經與現在不同了。

小心斷章取義的「截圖」發文！

很多人會使用智慧型手機的螢幕截圖功能，只把最衝擊的部分場面、發言擷取下來。例如：採訪引發事故的人，那人說：「我真的很抱歉，也在深刻反省，不會再有同樣情況。」網友卻只擷取「不會再有同樣情況」這句話上傳網路，其他人看到這段斷章取義的內容，就會誤會「這人說得事不關己，沒有半點反省」。看到讓你在意的消息時，應盡可能看完整報導，了解事情的全貌。除了新聞不可斷章取義之外，也千萬不可以在社群網站寫人壞話。

「個人資料」很重要

假設在網路上看到免費的手遊，雖然可以免費下載，但必須註冊並輸入出生年月日、住址、姓名、電話號碼等。你會怎麼做？

假如你因為「這個手遊看起來很有趣，而且免費」就覺得可以輸入所有個人資料，請停下來想一想，為什麼只是玩個手遊，會需要輸入「出生年月日、住址、姓名，還有電話號碼」等資訊呢？這樣的思考很重要。

公司為了獲利，製作App提供一般

發現有趣的手遊！
出生年月日是……住址是……名字是……電話號碼是……好，註冊完畢！
ピッ
ピッ
ピッ

※嗶嗶嗶

大眾使用，因此許多App都是仰賴廣告的收入經營。然而，當中也有些不光只靠廣告收入，而是將註冊用戶的個人資料拿去二次使用，或是轉賣給其他業者，從中獲利。結果就是「註冊完個人資料後，智慧型手機和平板電腦就會收到大量的廣告信」、「陌生公司來電或收到許多紙本廣告」等，不僅自己會感覺不舒服，也會讓家人擔心。

個人資料是保護自身與家人安全的重要財產，不可以隨便告訴別人喔。

最近推銷電話變好多喔。
指定收件人的廣告信也增加了，為什麼？
我打電動正打到很關鍵的地方，你們安靜點！

⬆完全沒發現自己就是罪魁禍首

如何安全的取得App？

想要在智慧型手機或平板電腦上取得要用的App時，請使用官方的應用程式商店，因為官方的應用程式商店只會顯示審查認可的安全App，並且會經常檢查上架的App是否為非法軟體。

App的使用者無法判斷是否安全的情況下，應用程式商店會在使用者的智慧型手機或平板電腦上顯示警告訊息，或是下架對使用者明顯有害的App。

此外，智慧型手機和平板電腦有事先安裝防毒軟體（參見六十頁），惡意程式就無法從App偷取使用者的帳號和密碼等個資，也會替我們檢查安全性，讓我們能夠更安心的使用。

如何保護重要的個人資料？

①取得App時，要從「**官方的應用程式商店**」下載。

保證安心安全！

②善用防毒軟體。

哇！好危險！
警告！此網站已知為高風險網站。

③即使是確定安全的App和網站，在輸入個人資訊時，最好還是請家長幫忙。

「電話號碼可以選填」是什麼意思？
意思是不一定要輸入。暴露的個人資料越少越好，所以這項就空下來吧。
問爸爸準沒錯。

沒有參加卻「中獎」？

最近很常見的詐騙是利用電子郵件或社群網站的**網路釣魚**。詐騙是讓人相信錯假資訊，藉此竊取你的金錢和個人資訊的犯罪行為。

下面介紹的例子，假如你遵照簡訊的指示辦理手續，別說領到獎金，你的帳號和密碼恐怕都會被盜，甚至連你累積的點數也會被用掉，又或是對方會擅自變更你的帳號和密碼，非法使用你的帳戶等。

您好，我們是〇〇公司，這次抽獎結果，您抽中了10萬元的獎金。請您立刻按下這裡登入，並在１個小時之內完成領獎手續。

〇〇公司事務局

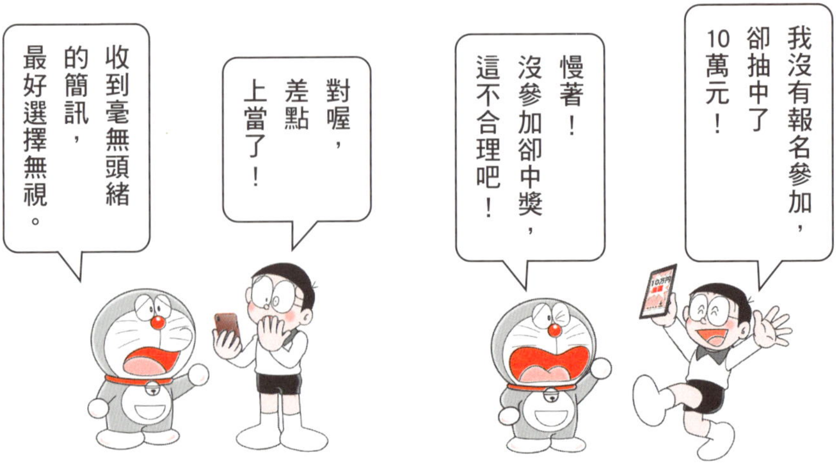
我沒有報名參加，卻抽中了10萬元！
慢著！沒參加卻中獎，這不合理吧！
對喔，差點上當了！
收到毫無頭緒的簡訊，最好選擇無視。

收到毫無頭緒的簡訊，應該抱持懷疑！

有陌生人傳訊息來希望與你交個朋友？

朋友越多越好，回他訊息吧。
陌生人的訊息不要回！

你不清楚對方是什麼樣的人，況且訊息中沒有寫到你的名字或綽號，這種情況下應該刪除訊息。如果你回覆，就等於是在告訴對方「這個電話號碼／電子信箱／帳號有人使用」。

收到陌生公司傳來的訊息？

寄錯商品給您，請按照「這裡」的步驟在3天之內……
你哪有收到商品？

收到毫無頭緒的訊息，絕對不可以按下訊息內的「這裡」連結，按下連結後就會引導你前往與真網站十分相似的假網站，企圖盜取你的個人資料。這種情況層出不窮。

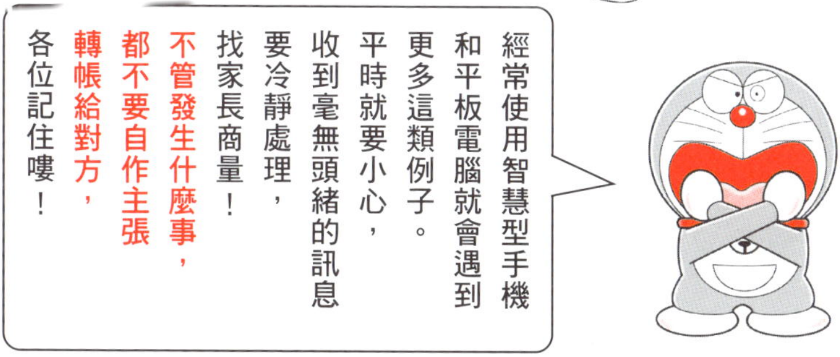
經常使用智慧型手機和平板電腦就會遇到更多這類例子。平時就要小心，收到毫無頭緒的訊息要冷靜處理，找家長商量！**不管發生什麼事，都不要自作主張轉帳給對方，**各位記住嘍！

不管怎麼看都像真的，但是……

收到陌生人、陌生公司發來的訊息，你會有警覺是詐騙。但是，最近越來越常見的狀況是，收到假裝是自己使用的電信公司、手機廠商，或是假裝成你的朋友傳來的詐騙訊息，詐騙手法日新月異，而且有很多人受害。

尤其希望各位注意的是，「你的帳號和密碼遭盜用，必須盡快變更」這種假裝是資訊安全的訊息。一聽到遭盜用，任何人都會慌張，但各位一定要先冷靜下來，找家人商量確認訊息真假。

收到似乎是來自朋友的訊息，但……

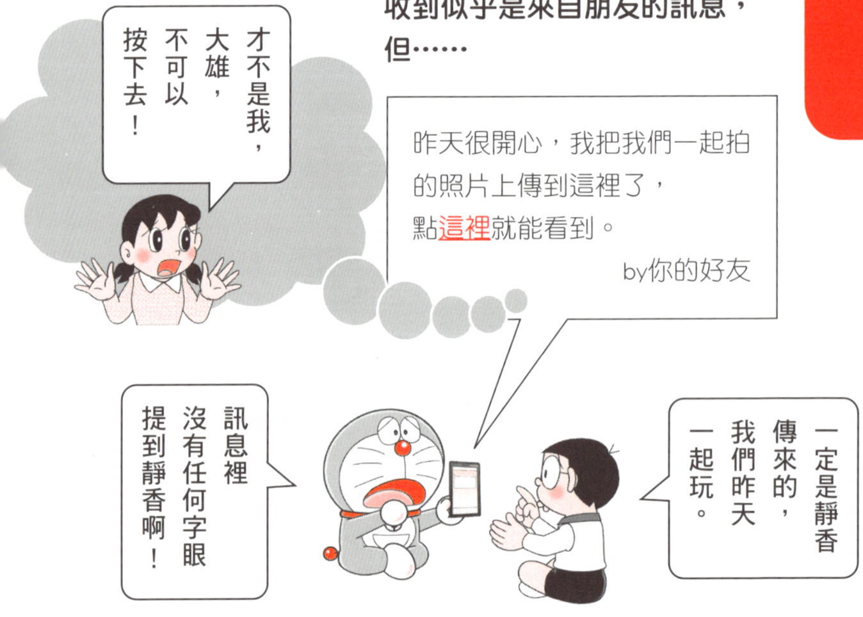
昨天很開心，我把我們一起拍的照片上傳到這裡了，點這裡就能看到。
by你的好友
一定是靜香傳來的，我們昨天一起玩。
訊息裡沒有任何字眼提到靜香啊！
才不是我，大雄，不可以按下去！

看到「你的智慧型手機被盜用」別上當！

你使用的智慧型手機廠商通知你立刻變更密碼？

手機廠商通知我立刻改密碼！
寄件人的信箱跟該公司不一樣，這是假的！

絕對不可以立刻按下連結造訪網站去變更帳號和密碼。找家長商量過後，上手機廠商的官方網站確認看看。此外，如果有人知道該廠商的電子信箱，可以請教對方是否與寄件人的信箱相符。

你使用的智慧型手機廠商通知你要下載防毒App？

咦？你要我刪除訊息？
防毒軟體平常就持續有在更新，所以這則訊息是詐騙。

誤信「為了安全起見，請下載這個App」等詐騙訊息，不自覺下載惡意App到手機裡是最可怕的狀況。只要平時都有在更新OS和防毒軟體，就可以放心。

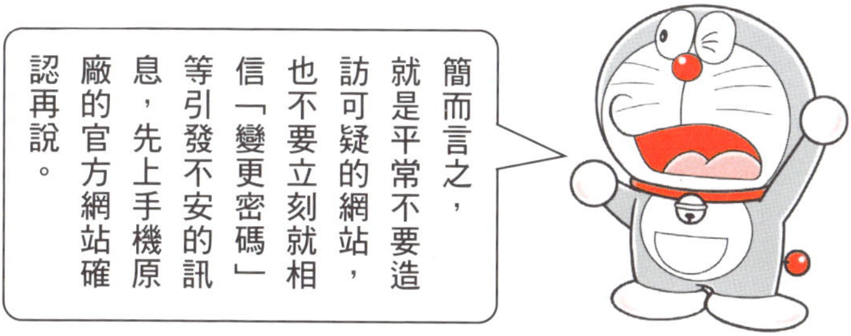
簡而言之，就是平常不要造訪可疑的網站，也不要立刻就相信「變更密碼」等引發不安的訊息，先上手機原廠的官方網站確認再說。

收到寄錯的電子郵件該怎麼處理？

假如收到沒看過的名字，或沒有存入通訊錄的電子信箱傳來「我的電子信箱換了！」的訊息時，該怎麼辦？

①顯然是寄錯，所以回信告訴對方。

②無視並刪除該郵件。

正確的作法是②「無視並刪除該郵件」。因為這封電子郵件很有可能懷有惡意，主要的目的在測試你的電子信箱「是否有在使用」。

如果你像①一樣回信，等於在告訴對方你的電子信箱有在使用，對方就會收集你的電子信箱並且轉賣，你之後就會開始收到許多用來釣魚（參見一〇〇頁）或帶病毒的詐騙郵件。

而且懷有惡意的「寄錯電子郵件」多半會每隔幾天就反覆寄來「之前我有通知你新的電子信箱，你那邊的資料改了嗎？」或是「請回信讓我知道」。不管收到幾次，我們當然都一樣要置之不理。

我的電子信箱換了，
請更新通訊錄的資料！
大助
大助？這個人寄錯信寄給我了。
我來回信告訴他寄錯了。
你的信寄錯人了，
我是野比……
ピッ
ピッ
ピッ
慢著！
原來如此！收到陌生人的電子郵件時，不回信最安全。
那或許是詐騙郵件假裝成寄錯而已。

請立刻將這封電子郵件轉發給十個人？

信件的內容寫著：「如果不在三天之內將這封信轉寄給十個人，你將會遭遇不幸。」這種信稱為**連鎖信**。

「不轉寄就會遭遇不幸」這種事**絕對不會發生**。你如果感到害怕，忍不住轉寄給了朋友，才真的是會讓朋友失望的說：「我沒想到你是這種人。」

換句話說，只要不轉寄就不會有不幸發生，轉寄了反而會不幸。假如你收到連鎖信，就讓這個連鎖到你這裡斬斷吧，絕對不可以轉寄喔！

尤其要小心寫有網址（參見三十五頁）的連鎖信，信中如果提到「按下這裡，就能夠幫助受苦的人」等內容，試圖利用你的善良，就很有可能是詐騙。另外有些連鎖信還會有附加檔案，這個當然不能打開，否則電腦病毒很可能會進入你的智慧型手機或平板電腦。

哆啦A夢！我這次收到這種信！
如果你不把這封信轉寄給10個人，你將會發生不幸……
連鎖信不可以轉寄，無視它就好。
是喔……我雖然很不安，還是鼓起勇氣刪除了。
哇！收到胖虎的來信！不幸發生了！
跟那個沒關係吧！

第4章

檢查看看是否理解了！

答題時間

請在口裡填入正確的詞彙！

❶「智慧型手機上看到的新聞都是正確的，所以那些資訊全都可以相信。」這句話是正確還是錯誤？

❷「個人資料是保護自身與家人安全的重要資產，所以必須重視且好好守護。」這句話是正確還是錯誤？

❸協助我們檢查App是否有盜取帳號和密碼的惡意，確認安全與否的軟體，稱為什麼？

❹讓人相信智慧型手機上的假資訊，騙取金錢和個人資料，這種詐欺行為稱為什麼？

❺「收到讓我不安的連鎖信，我要立刻轉寄給朋友。」這種作法正確還是錯誤？

【答案】❶錯誤 ❷正確 ❸防毒軟體 ❹網路詐騙 ❺錯誤

第5章
第一次使用社群網站
真假？這支手機可以給我用？
因為我聽媽媽說你很認真在學習如何安全的使用手機。

所以我問過爸爸了。
爸爸同意你可以用他淘汰的手機實際操作看看。

那支手機已經連上家中的Wi-Fi，
你只要下載需要的App就可以使用了。
謝謝爸爸，我這就試試。
已經確定可以用手機上網了。
你把靜香他們的資料存進通訊錄了嗎？
存通訊錄不能打錯字，我現在正在頭痛。
看來對大雄來說，
一邊看筆記一邊輸入很困難。
「記憶麵包」。
把想背的內容轉印在麵包上吃下，就可以輕鬆記住。

※嚼嚼、大口吃

轉印需要的頁面……
吃吧、吃吧。
ムシャムシャ
パクパク。。
ギュッ
記憶麵包好厲害！
不用邊看邊輸入，速度就加快了很多！
ピッピッピッ
好，各種設定都完成了。
我們就來試試大雄擁有手機後最想做的事。
要先下載大家都在用的社交App，才能夠上社群網站。

※用力按

※嗶嗶嗶

啊，是這個App！
下載！
啪
安裝完畢！
好，來傳訊息給靜香。
傳什麼好呢？
先告訴她我用爸爸的手機在練習好了。
大雄，你看過使用社群網站的注意事項了嗎？
定位資訊遭惡意利用的危險
照片公開的危險
被鎖定的危險
朋友、認識的人造謠
錯假資訊的危險
你是指個人資料那些嗎？

沒錯，發送的訊息中如果含有能夠鎖定個人的資訊。
從文章寫法看得出是那個人！
我知道這張照片是在哪裡拍的，原來他住在這附近。
我來寄詐騙信件。
可能會給朋友帶來麻煩和危險。
為了避免造成麻煩和危險，
訊息內容要小心。
我要傳訊息的對象是朋友中最善良的靜香。
就算我有失禮的行為，她也會原諒我，不用擔心啦。
大雄，關係再好也要保持禮貌！
你不能因為靜香善良就隨便對待。
你說得對，我會注意。

「靜香好……」
「保持聯絡。大雄」
ピッ ピッ ピッ
※嗶嗶嗶
寫好了！然後傳送。
慢著！傳送之前一定要再檢查一遍！
你看看，你寫這什麼亂七八糟的訊息？
靜香好我向爸爸借了智慧行手機正在練習怎麼用西妄自幾能夠跟大家一樣快點學穖史用保持聯絡喔
大熊
送出
☆123 ㄅ ㄆ ㄇ 空白 ㄉ ㄊ ㄋ ㄍ 換行
真的耶！怎麼會變成這樣？
錯字一堆，而且沒有標點符號也沒有換行……你只顧著打字，沒看自己打了什麼吧？
傳這種內容給靜香，你會被她討厭喔。

我重新寫好了，這次沒問題了！
靜香好，
我向爸爸借了智慧型手機，
正在練習怎麼用，
希望自己能夠跟大家一樣
快點學會使用。
保持聯絡喔。
大雄
「傳送之前要檢查」，這也是安全使用手機的方法。
按下傳送，訊息就會像漫畫對話框一樣出現。
真有趣！
快點學會使用。
保持聯絡喔。
大雄
靜香好，
大家一樣
已讀
對方如果已經看過訊息，畫面上就會顯示「已讀」。※
也來傳訊息給去買東西的媽媽吧？
不錯喔，可以當成練習。
寫這樣可以吧？
媽媽，
你買東西時順便
買果汁和銅鑼燒回來，
拜託你了！
大雄
你叫媽媽幫你跑腿嗎？

※也有些通訊軟體不會顯示「已讀」。

啊！「已讀」了？
證明媽媽看到訊息了。
她回了！
我是你媽。我們不是約好果汁和點心要用你自己的零用錢買嗎？
還加上生氣的貼圖。
ピローン
※叮
我要刪除訊息，當作沒傳。
不行！對方手機收到的訊息不會刪除喔。
是喔？
所以傳訊息時必須要注意。
哆啦A夢說得沒錯。
媽媽！你買完東西回來了？
又有收到訊息的提示音……
靜香回覆訊息嗎？
ピローン
※叮

是爸爸。
爸爸也傳給我，怎麼了？
大雄的手機練習時間說好是一個小時。
時間到了請幫我收回手機。爸爸
知道了，爸爸。
我是爸爸。手機的練習時間說好是一個小時。
現在正好滿一個小時了，手機要收回。
為了讓父母安心，希望你可以遵守這個用手機的條件喔。爸爸
那麼今天的手機練習就到這邊。
讓我等靜香已讀我傳給她的訊息嘛！

社群網站是什麼？

社群網站是一種會員制的社群交流網站，註冊之後，就能夠與同一個社群網站App的使用者互通訊息，或是將日常生活的樣貌以文字或是照片，上傳跟大家分享。

此外，除了一般個人之外，地方政府機關、公司行號等也可以利用社群網站推銷商品、對市民發送消息等，有各式各樣的應用方法。

透過社群網站建立關係的網友之中，只要有人喜歡上傳的訊息內容或照片，可

我成功做出漂亮的蛋糕，拍照上傳吧！
啊，靜香上傳照片了，她拍了什麼？
ガバッ

以按「讚」簡單表達感受，或輕鬆留言發表對上傳內容的感想。

發文者也能夠藉由這些「讚」以及留言，知道哪些網友與自己有共鳴，並因此感到開心。

就像這樣，互相傳送與嗜好相關，或日常生活的感想，或想讓眾人看的照片、想讓大家知道的消息，彼此共享同樣的心情，這就是社群網站的樂趣。

哇，蛋糕看起來好好吃，快按「讚」！
按！
按！
大家都按了「讚」。我要多練習，繼續上傳蛋糕照！

在社群網站上最重要的事

使用社群網站時，必須先記住一件事：原則上不是只有你的朋友看得到你的貼文，還有**世界各地非特定的多數人也能看到**。換句話說，你上傳的文字和照片，不知道會被誰在哪裡看到。假如你允許大家「轉貼」你的貼文，其他陌生人把你的貼文轉到其他地方，看到貼文的人就會在你無法管理的情況下越來越多。因此，上傳到社群網站的貼文，不可以是任何國家的任何人看到會感到不舒服，或傷害他人的內容。

社群網站的注意事項

一、除了你的朋友之外，其他人也會看到。

二、貼文內容不可以造成他人不快或傷害他人。

三、貼文內容切記不要包括特定的個人資料。

四、貼文必須遵守著作權與肖像權。

此外，最近經常發生其他人從上傳社群網站的貼文或是人物照片中，得知發文者或其朋友的個人資料，所以上傳的內容必須再三的留意。

當然也必須遵守七十八頁提到的「著作權」與「肖像權」。

上傳到網路上的資訊，會半永久性留在網路上，無法憑一己之力徹底消除。

使用社群網站時，即使你是未成年的孩子，也應該**負起安全方面的責任**，這點請各位千萬要記住。

我的帳號有100人追蹤，大家都在討論甜點。
「追蹤」是什麼？
就是在手機上記下自己喜歡的用戶帳號。比方說，如果有追蹤靜香的社群帳號，只要靜香一更新，追蹤者立刻就能看到新的貼文。

設定哪些人可以看到你的貼文

那些設定成公開、人人都能看到的社群網站貼文，內容必須小心。

「『壞人』不只從我上傳到社群網站上的照片得知我的長相，還從照片內含的GPS（參見三十九頁）定位資訊知道我住在哪裡，因此跑來『糾纏』我，我嚇都嚇死了。」

「朋友問我：『告訴我○○的地址和電話號碼。』我回覆對方之後，這些資料卻外流，使得○○家裡收到詐騙郵件、接到騷擾電話。」

諸如此類的情況，都是前一頁介紹過的「其他人從上傳社群網站的貼文或人物照片中，得知發文者或其朋友的個人資料」，實際引發的問題。

各位如果想避免遇上這些麻煩，使用社群網站之前，首先要設定貼文分享對象的範圍，也就是**設定「誰看得到這則貼文」**。這樣一來，你就能夠建立不公開的朋友圈等，避免這類麻煩，只有特定對象能夠與你互傳訊息。

智慧型手機、平板電腦拍的照片，內含這些資訊。

【GPS定位資訊】

照片拍攝場所的「經度與緯度」都有記錄，因此不肖人士可以輕易推導出地點。萬一照片是在自己家裡拍攝的……

【拍攝時間】

拍攝照片的時間也有記錄，因此往往可以用來了解拍照者個人的作息。

沒想到照片裡有這些資訊。被不知情的人隨意上傳很危險耶！
現在社群網站的公司多半會刪除上傳照片的這些資訊，但是，拍照者主動變更定位資訊等記錄的設定會更安全。

就曾經發生過名人把暫時要出國的消息放上網，結果家裡遭小偷的情況。
家裡有小孩的人，更需要設定社群網站貼文分享的對象，以免發生危險！

為了避免與朋友間發生問題

前面提到過「使用社群網站之前，首先要設定貼文分享對象的範圍」，這一點非常重要。

除此之外，各位在使用社群網站時，還有其他必須注意的重點，其中之一就是避免在社群網站上交流，導致朋友吵架或引發問題。

與朋友發生問題的關鍵多半是「文字的寫法、表達方式」出錯。要避免出問題的基本原則就是，訊息寫好後，一定要再檢查一遍，**仔細想想「看到的人會有什麼**

與真人對話不同，寫訊息要用心。

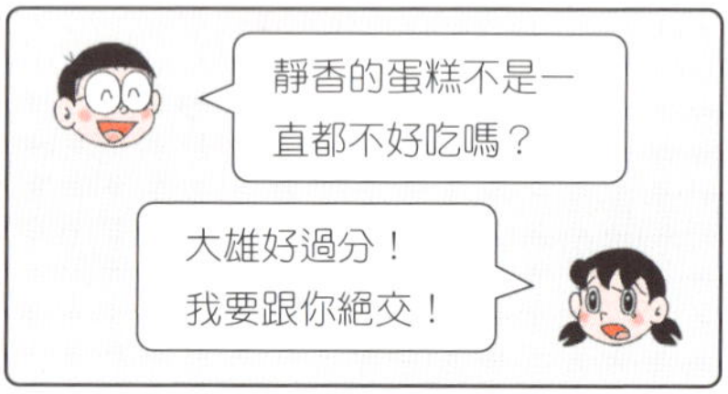
靜香的蛋糕不是一直都不好吃嗎？
大雄好過分！我要跟你絕交！

要替對方著想，別在三更半夜或一大清早傳訊息。

2:00

認為不好吃就是很難吃的意思，所以大受打擊。

想要表達的是一直都很好吃，卻打錯。

感受」，確定過後才按下傳送。

平常與朋友對話時，不會單單只有文字，還會有說話的語氣和表情等，有各種資訊可以參考與解讀，幫助我們了解對方的感受。但社群網站是只有文字的世界，我們很難知道對方發言時是基於什麼樣的心情，所以必須比平常與真人對話時更加留心。

就算是開玩笑，也不可以使用傷害對方的文字。

這點不只是在社群網站上，平常就要放在心上。

不要散布未經證實的謠言。

聽說明天學校放假，我也不確定。
各位，今天要上學喔。放假的是國中。
哇，已經超過八點了，大雄！
大雄，你為什麼要亂說？
不是，我沒亂說啊，我昨天聽到國中生在講。
大雄真是的！

不要強求對方的回應。

對方沒回訊息，我是不是再傳一次比較好？
對方可能有事在忙，你應該等一等。

為了避免引起「輿論抨擊」

有些人看完你在社群網站的貼文後，傳給你大量批評的訊息，導致你沒有辦法抑制的狀態，稱為「**輿論抨擊**」。

個人的社群帳號一不小心引起輿論抨擊之後，多半會逐漸延燒到難以收拾的地步。至於**處理輿論抨擊的唯一方法，就是不要引起輿論抨擊**。即使你立刻就刪除貼文，也有可能已經被截圖※。一旦你反駁那些批評，通常只會導致情況更加惡化，最好是保持安靜低調直到輿論平息為止。

使用社群網站時，設定看得到貼文的

容易引起輿論抨擊的貼文範例

有人在網路上嘲笑偶像女星遭網友圍剿了。
惹怒喜歡那位偶像的粉絲了。
她做錯什麼？
快向她道歉！
那是她的特色！
有人PO出路上巧遇名人拿到的簽名照，在網路上挨罵了……
炫耀要有限度。
你這是侵犯隱私！
你強迫對方簽的吧！
炫耀個屁！

引起支持者不滿的貼文。

刻意炫耀給大家看的貼文。

※截圖：螢幕截圖的簡稱，意思是把顯示在螢幕上的資訊和影像拍成照片檔案儲存。

對象，好處之一就是能夠避免來自全國各地的批評。儘管有輿論抨擊的風險，仍然執意要公開社群網站貼文的使用者，請參考下列的例子，看清楚什麼樣的貼文容易引發爭議，並且時時留意。

避免輿論抨擊的基本原則就是前一頁也提過的，貼文前仔細想想**「看到的人會有什麼感受」**，確定過後才按下傳送。不清楚真相就胡亂批評，或是為了炫耀而發文，都是危險的行為。

有人未經許可就把寫真集的照片上傳社群網站……
那已經違反著作權和肖像權了。
我要去報警！
做出這種違法行為，你是黑粉吧！

違反規範和法律的貼文。

使用公開的社群網站時，有些人為了增加追蹤者，往往喜歡分享有爭議的貼文，這點必須注意！

社群網站的「帳號被盜」怎麼辦？

什麼是「雙重驗證」？

社群網站的帳號被盜情況，一年比一年更嚴重。所謂「帳號被盜」是指懷有惡意的人偷走你的帳號、電子信箱、密碼，「擅自使用」你的社群帳號。

帳號一旦被盜，就有可能被用在釣魚網站等違法的詐騙網站，或是用你的帳號傳送惡作劇訊息給你的朋友，很可能引發嚴重的問題。假如你知道自己帳號被盜，必須立刻告訴家長，並且在損害擴大之前通知朋友「帳號被盜」。

社群網站的帳號被盜之後，假如你自

家人或許已經在使用，你可以問問他們。

①造訪網站或App後，輸入帳號和密碼。

帳號
dora@XXXX.com
密碼
****

②輸入正確的帳號和密碼後，網站傳來「僅限這次使用的密碼（也稱為認證碼、驗證碼等）」。

感謝您的使用，
此次的認證碼是
123456，
請輸入認證碼進行
身分認證。

己還能夠登入帳戶，可以趕快變更密碼，並把帳號設成不公開。假如帳戶已經無法登入，你也可以向家長求助，聯絡經營社群網站的公司，請教該怎麼處理。

最近，為了防止社群網站的「帳號被盜」，有越來越多人與公司採用底下介紹的「雙重驗證」。為了網路的安心安全，各位可以配合需求考慮使用。

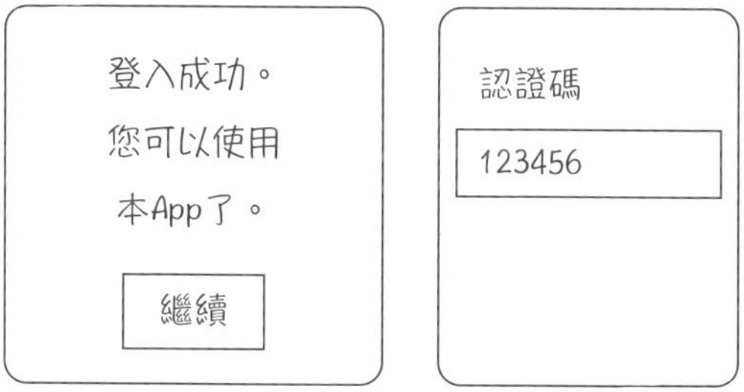
認證碼
123456
登入成功。
您可以使用
本App了。
繼續

③輸入收到的「僅限這次使用的密碼」。

④登入完畢。就算帳號和密碼被盜，只要智慧型手機或平板電腦沒有弄丟，就不會被拿去做壞事。

設定「雙重驗證」能夠大幅提升安全性。

第5章 檢查看看是否理解了！答題時間

❶「上傳到社群網站的貼文，不可以是任何國家的任何人看到會感到不舒服，或傷害某人的內容。」這段話是正確還是錯誤？

❷「在社群網站上傳訊息給朋友之前，要檢查內容是否容易招致誤會。」這段話是正確還是錯誤？

❸有些人看完你在社群網站的貼文後，傳給你大量批評的訊息，你沒有辦法抑制的狀態，稱為什麼？

❹有人偷走你的帳號、電子信箱、密碼，「擅自使用」你的社群帳號，這種狀態稱為什麼？

❺「在網路上擴散的資訊，自己能夠隨時上網刪除乾淨。」這段話是正確還是錯誤？

【答案】❶正確 ❷正確 ❸輿論抨擊 ❹帳號被盜 ❺錯誤

第6章
終於有智慧型手機了！
你爸媽終於買手機給你了！
恭喜你，大雄！
謝謝！
你成功向爸媽報告安全使用手機的方法了嗎？
我不太有把握，不過還是向爸媽報告完畢了。
還跟他們約好很多使用手機的規則。

我跟他們討論了一些使用手機可能發生的問題。
家庭的規範
手機引發的友誼危機
個人資料問題
病毒感染
誹謗中傷
違法行為的誘惑
瀏覽兒少不宜網站
付費問題
加上哆啦A夢，我們四人一起訂出規則。
我剛開始用手機時也有很多規矩。
他們說，這支手機是爸媽花錢買的，
所以只是借我用而已！
我答應遵守規定的畫面還被錄下來了。
不可以用到晚上十點？
只能到九點。
我拍下你答應的影片做記錄囉。
拍下影片就無法耍賴了。

我也跟爸媽訂好規定，
不過我們說好規定會配合我的成長修改。
我還以為只有我們家有使用手機的規定呢。
每家的規定都不同。
為了避免帶給家人和其他人困擾，規定是必要的。
大雄，別忘了你還有事要做。
對喔，爸媽交待我的事情。
先走了。
再見。

用手機的地圖App看看距離目的地多遠。
按下App，輸入地址……
大雄你……
啊！出現前往目的地的路線了！
※匡
ゴン
好痛！
不是說好了不可以邊走路邊滑手機嗎？
對喔，對不起！
看起來搭公車比搭捷運更快抵達。
※噗嚕嚕
ブウウ
啊，正好公車來了。

有位子！運氣真好！
真好奇目的地的戶尾井鎮是怎樣的地方？
※鈴鈴
ピロピロロン
啊，媽媽來電。
大雄，搭公車居然沒轉振動模式嗎？
喂，媽媽？
我現在正在搭公車過去。
大概十五分鐘會到。
ペコ
※鞠躬、鞠躬
抱歉，很快就講完……
ペコ
大雄，快下車！
離目的地那站還很遠吧？
搭乘大眾運輸工具時手機要靜音或關機。
講電話時要降低音量。

離目的地還很遠，
我下次會注意……
那邊為什麼在排隊？
蕎麥麵
那個招牌好像在哪裡看過？
百變冰品店
那是現在很紅的冰店！
我想起來了！是那家每個月推出不同冰品的店。
百變冰品店
我要拍冰店和冰的照片向大家炫耀。
等一下！拍照要先取得店家許可才行。
百變冰品店
再說你會拍到在排隊的人，必須小心點。

好漂亮的雪球冰！
我第一次看到這種冰！
果然值得排隊！
カシャ
カシャ…
※喀嚓喀嚓
我想上傳照片，
上網查詢怎麼做……
シャク
シャク…
モグ
モグ
※挖挖、嚼嚼
大雄，你這樣就是規定中禁止的「低頭族」行為。
你拍好照片後，先好好吃冰，吃完再上傳。
面前有同伴在，你卻邊吃邊滑手機，有些人會覺得不舒服。

大雄有很多情況都是第一次遇到，不懂也是沒辦法。
車廂禮儀
邊走邊滑手機
肖像權
邊吃邊滑手機
可是大雄今天的行為都是自己決定要違反規定的，
這樣好嗎？
也對，我會反省。
有了手機我就忍不住想試試各種事……
糟了，大雄！
我們忘記任務了！
辛苦你們了，請替我向你的父母問好。
好的，抱歉這麼晚才送到。
不好了！
又怎麼了？

買冰時忘了考慮回程的公車錢。
你是說錢都花光了？
「任意門」呢？
「竹蜻蜓」呢？
都送修了不能用。
幫忙跑腿卻弄到這麼晚，我要怎麼跟爸媽解釋？
呃……
他們兩人正在回來的路上，為什麼都不聯絡？
這樣子帶手機就沒意義了！
爸爸和媽媽事先設定了可查詢大雄目前位置的定位資訊App。

為什麼不能輕易答應買手機？

大家都很想擁有自己專屬的智慧型手機或平板電腦，對吧？可是你想要擁有，就必須說服家人「買給你」。不過，就算你對他們說「買智慧型手機給我」，**他們也不會輕易就買給你**。就算打算用自己存下來的壓歲錢、零用錢購買，也必須要有監護人的同意書才行；即使有同意書，有些店家仍然會打電話給你的家長問：「您的孩子到我們店裡來買手機，是否取得您的同意呢？」換句話說，只要你的家長不同意，你就沒辦法單靠自己得到智慧型手

那個，你們為什麼不肯買手機給我？
老是在滑手機，你就更加不唸書了。
你會沉迷在手遊裡，不斷想要在遊戲裡付費購買。
邊滑手機邊走路，到時出事可就糟了。

機或平板電腦。

你的家人為什麼無法輕易答應買智慧型手機給你？因為對於家人來說，他們會有底下列出的這些擔憂，尤其是智慧型手機和平板電腦使用過度變成「上癮」，是很嚴重的問題。

你可以與家長討論看看，問問他們為什麼反對你擁有自己的智慧型手機或是平板電腦，理解他們擔心的原因。

接著一起制定智慧型手機和平板電腦的使用「規則」並確實遵守，不讓家人擔心，贏得他們的信任，這點很重要。

如果亂按連結遇到詐騙怎麼辦？

過度沉迷手機變成「手機成癮症」會弄壞身體。

有了手機很容易看到兒少不宜的影片或照片。

你很可能和朋友因為社群網站起衝突。

你很可能在我們看不到的地方長時間玩手機，結果上課都在打瞌睡。

小心「手機成癮症」！

各位聽過「手機成癮症」嗎？意思是一整天不斷想要滑手機，只要手機不在手邊，就會坐立不安的狀態。家長讓孩子使用智慧型手機或平板電腦時，最擔心的事情就是：「會不會上癮？」

假如整天拿著智慧型手機不放，「手機成癮」的症狀只會更加嚴重，不只是無所事事的時候，就連在吃飯、洗澡、上廁所，甚至在刷牙時都在滑手機！

還有些人為了避免挨罵，瞞著家人三更半夜躲在被窩裡滑手機，連續好幾個小

如果「手機成癮」了……

然後胖虎他……

不再與朋友、家人面對面說話。

吃飯時把手機放下！

不管做什麼事，都不會放下手機。

時都不停歇。

造成的結果就是作息日夜顛倒，在學校上課時打瞌睡，也沒辦法專心唸書。儘管如此，還是不肯停止使用手機，最後終於影響到身體健康，不得不去醫院……這類案例越來越多。

問題在於有「手機成癮」問題的人多半都是跟各位差不多年紀的孩子，這個年紀正是大腦與身體最重要的發展成長期，因此必須正視「手機成癮」的嚴重性。

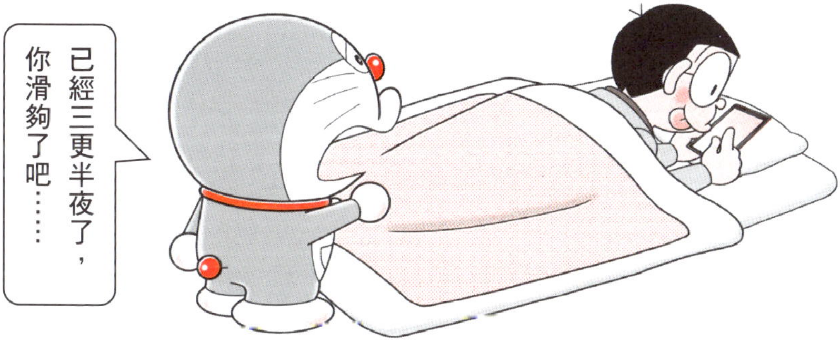
已經三更半夜了，
你滑夠了吧……

無法放下手機，導致睡眠不足。

把我的手機
還我……
我要沒收
你的手機！

看不下去的家人沒收手機。

避免「手機成癮症」①

與家人制定智慧型手機和平板電腦的使用「規則」時，必然會講到「一天最多可以用幾個小時」，事實上這一點正是大家最容易「違規」，導致手機被沒收的規則。手機一旦被沒收，你可能一整天都躁動不安，很想玩手機，而父母也會感到失望，認為還是太早讓你接觸手機了。這對雙方來說都不是理想狀態。

你會違規超時使用手機，通常都是因為在社群網站上與朋友聊天。儘管你有想到時間差不多了，但你又不想在聊得正熱

絡時讓朋友失望，於是忍不住就延後十分鐘、三十分鐘、一個小時，用手機用太久導致沒能遵守「規則」。

其實最重要的不是「一天最多用多久時間」，而是規定明確的時間，時間一到，就把手機交給家長。舉例來說，「寫功課、吃飯、洗澡、刷牙完畢後，跟家長領手機，可以使用到八點。八點一到，就把手機交還給家長」，像這樣訂定規則，孩子就會迅速把該做的事情做完，也不會出現半夜偷用手機的情況。

我準備好了！手機時間開始！
八點到了，還給你們！
你有遵守規則，了不起！

避免「手機成癮症」②

儘管已經約定好使用手機的規則，但家長可能還是會擔心：「到時候會不會越來越不遵守規則？」為了讓雙方對於「規則」更放心，這裡將介紹五十八頁曾提過的「網頁過濾服務」。這個服務能夠限制有害的網站和App，阻擋詐騙郵件，還能夠自動防止「過度使用」。

智慧型手機與平板電腦在使用上的狀況略有不同，不過基本上都是能夠「設定使用時間、可用時段」。以前一頁提過的「寫功課、吃飯、洗澡、刷牙完畢後，跟

上學日的前一天用到八點為止，但爸媽幫我設定好，假日的前一天可以用到九點！
因為大雄遵守規則，所以爸媽也逐漸減少對你的限制了。

父母領手機，可以使用到八點。八點一到，就把手機交還給父母」的規則來看，可以在手機上額外設定可以使用手機的時段，這樣就萬無一失了。

規定好的時間，你可以**配合成長，與家長討論並修改**。最重要的是你藉由「規則」和「設定」，遵守使用時間，養成智慧型手機、平板電腦的使用習慣，這樣即使上了國中、高中也不會「手機成癮」。

模式設定的限制與使用範圍

（各公司提供的服務內容不同，僅供參考）

小學生模式	除了基本App之外，使用其他功能有許多限制，是最安全的模式。親朋好友使用的社群網站等必要的特定App，可以個別設定使用限制。
國中生模式	可使用部分影音串流App、一般大眾適用的手遊等娛樂App，除此之外也可使用購物網站等。
高中生模式	可使用抽獎活動App、自拍相機App等各種App，除此之外還可以使用大多數社群網站。有時也提供入門、進階的兩階段設定。

設定小學生模式，個別設定管理需要通知的App等，能夠大幅提升安全性。

【寫給家長】上述內容只是舉例，限制的內容會根據您挑選的電信業者、手機廠牌和時期而不同。不同學齡的模式設定詳情，請上各電信公司與手機廠商網站查詢。

需要「付費」的手遊怎麼辦？

有些人想要智慧型手機或平板電腦是為了打電動。安裝手遊App時，為了安全起見，也應該透過官方的應用程式商店（參見九十八頁）下載審查合格的軟體。

話雖如此，應用程式商店裡有時也會有家長看了會驚呼：「怎麼可以玩這種手遊？」這類不適合孩子的手機遊戲。

因此你在下載安裝手遊App時，務必要讓家長在一旁看著並讓他們了解這是什麼遊戲。

手遊的App有年齡分級標示，顯示

台灣的分級標示標準（參考例）

標示	說明
0⁺ 普遍級	**對象年齡：不分年齡皆適用** App中不含令人反感的內容。
6⁺ 保護級	**對象年齡：6歲以上** App中可能含有可愛人物打鬥或未描述角色傷亡情節之攻擊等無血腥畫面。
12⁺ 輔12級	**對象年齡：12歲以上** App中可能含有一般不雅但無不良隱喻的語言、服飾裝扮凸顯性特徵但不涉及性暗示、未達血腥的打鬥攻擊、輕微恐怖、促使戀愛或結婚的內容。
15⁺ 輔15級	**對象年齡：15歲以上** App中可能含有不當語言、女性露上半身或背面遠處全裸、血腥的攻擊殺戮但未令人感覺殘虐、引誘使用菸酒的畫面。限制級以外的反社會性但不致引發兒少模仿的行為。遊戲結果會影響遊戲幣增減。
18⁺ 限制級	App中可能含有頻繁的不當語言、具性暗示的全裸、令人感覺殘虐血腥的攻擊殺戮、使用毒品的畫面。描述搶劫、綁架、自殺等引發兒少模仿的犯罪行為。

可以當作選擇手遊和軟體的參考！
ガバッ

適用的年齡，根據這個標示就可以找到適合小學生的手遊。

另外，大部分的手遊都是免費下載，但有些會有「App內購買」，也就是在遊戲裡有一些需要「付費購買」的服務。遇到有這種需要付費的狀況時，請務必先與家長討論，並且制定「規則」，也許家長認為，假如金額是你的零用錢可以負擔的範圍，只要問過他們就可以花錢買，又或者家長認為小學生不應該有花錢購買的行為。另外，如果是沒超過零用錢範圍就可以買的情況，可以善加利用有設定好額度的禮品卡※，就能夠防止花費過度。

只要使用便利商店販售的禮品卡，就能夠避免所有零用錢都拿去買付費內容。

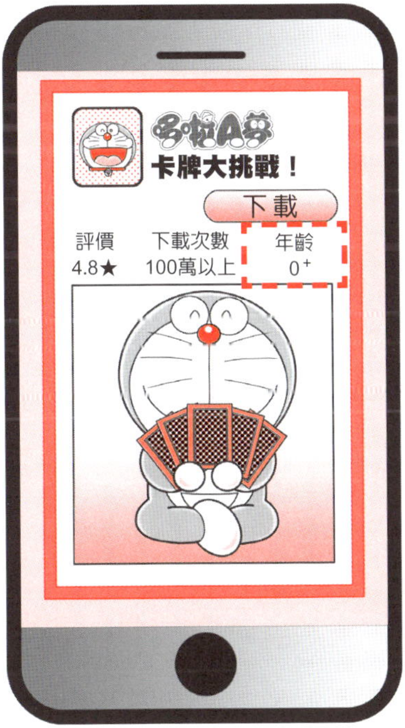
哆啦A夢
卡牌大挑戰！
下載
評價
4.8★
下載次數
100萬以上
年齡
0+

※禮品卡：便利商店等店面販售的預付卡，只要將禮品卡的代碼輸入 App Store 的帳號，就能兌換成餘額，用來支付 App、訂閱內容等。Apple 的稱為禮品卡，Google 的稱為禮物卡。

「低頭族」很危險

邊走路邊滑手機與低頭族在目前確實造成了社會問題。近幾年來，「邊走路邊滑手機」或「邊騎著腳踏車邊看手機」，因此撞到了人或物品，或者跌倒，甚至跌下車站月台受傷的人，年年增加。此外，每兩名盲人之中就有一人表示，邊走邊滑手機的人曾經害他們受傷。

當你邊走路邊滑手機或是只顧著看手機時，就會注意不到四周的狀況，這樣十分危險。因為迷路要查看地圖等原因，不得不在室外使用手機時，請暫時站在路邊

發生像右圖這種碰撞意外，
會導致老婆婆的腳嚴重骨折。
引起這類事故的原因如果是
邊走邊滑手機，
有時必須支付高額的賠償金※。

※賠償金：賠償他人損失的金錢。

安全的地方。絕對不可以邊騎腳踏車邊用手機，這是法律禁止的行為。

如同底下介紹的事故範例，低頭族造成的意外不僅會讓自己受傷，也會傷害到旁邊的人，有時甚至必須付出高額的賠償金※。除了不可以邊走路邊滑手機，騎腳踏車時也絕對不可以使用手機。這是人命關天的重要規定。

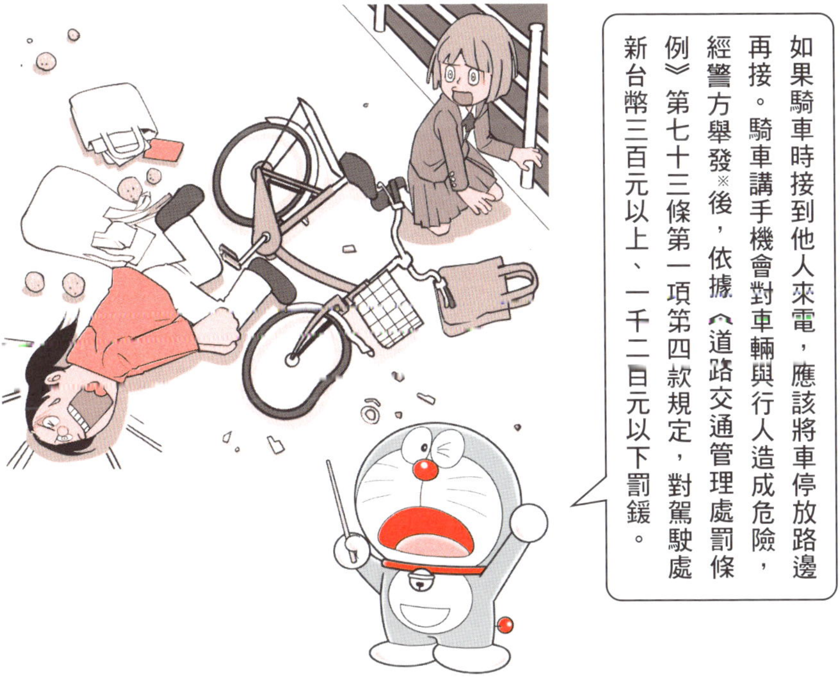
如果騎車時接到他人來電，應該將車停放路邊再接。騎車講手機會對車輛與行人造成危險，經警方舉發※後，依據《道路交通管理處罰條例》第七十三條第一項第四款規定，對駕駛處新台幣三百元以上、一千二百元以下罰鍰。

※舉發：是指交通違法者以外的第三人或交通執法人員，因執行職務，知道有交通違法情形發生，向交通主管機關報告交通違法事實。

借用家長手機時要注意的事項

有些人沒有自己的智慧型手機或是平板電腦，而是暫時借用家人的。大人使用的手機和平板多半沒有各種安全設定，很容易一不小心就連上危險網站、看到兒少不宜的畫面。此外，大人的手機或平板上通常都有綁定信用卡付款，或安裝行動支付App，所以很容易發生金錢支付的相關問題。各位要借用家長的智慧型手機或平板電腦時，請記得要先設定網頁過濾服務，調整成家長監護模式。

也有很多人是拿家人淘汰的「舊款」

咦？你不是借用爸爸的手機打電動嗎？
我亂碰不小心刪除了爸爸的通訊錄資料……
手機不借大雄了！

手機，連接家裡的Wi-Fi使用※。這種狀況下，也經常會忘記先把裝置設定成家長監護模式，所以請務必先檢查過設定再做使用。

應用程式商店裡有許多App可以協助保障使用淘汰手機時的安全，家人想要換新手機時可以搜尋相關資訊參考。

取得「二手」智慧型手機和平板電腦之前

①重置為原廠設定。

選擇「重設／重置」，可以刪除你在智慧型手機和平板電腦內的所有資料。

②連接Wi-Fi。

③別忘了設定網頁過濾服務。

這次要確實遵守約定使用喔。

※還有一種選擇是由家長購買 SIM 卡插入智慧型手機，就能夠使用通訊服務。購買 SIM 卡需要家長與電信服務業者簽約。

拿手機拍照時的禮貌

用智慧型手機或是平板電腦拍照留作收藏很好玩，拍下的照片還能夠像拍貼機一樣，用App做各種編輯加工，樂趣倍增。而且智慧型手機和平板電腦的相機規格都很好，甚至能夠拍出很有藝術風格的照片。

但是，在七十八頁時曾提過，拍照時必須注意著作權與肖像權。除此之外別忘了遵守拍照時的禮儀，有些場所與物品是「禁止拍照」的。

舉例來說，博物館和美術館展示的文

●未經許可禁止攝影的場所、有攝影相關規定的場所

電影院、劇院、音樂廳
（在場內拍照有可能會被要求離場）

博物館與美術館
（有些地方會標示可以拍照，但不可使用閃光燈）

有禁止攝影標示的場所
（同樣場所可能有些時候可以拍照，有些時候禁止拍照）

化財與繪畫、音樂會和劇院等表演的舞台照、電影院的影廳內，這些基本上都禁止攝影。此外，海生館和動物園有些地方雖然允許攝影，但禁止使用閃光燈，因為閃光燈的強光會帶給動物壓力，恐怕影響牠們的健康。

一般店家原則上是禁止拍照與攝影。在餐廳等地方想要拍食物照時，一定要先問過店員，假如對方拒絕，你也只能遵守規定。

在路上拍照時，盡量不要拍到路過的行人、在附近的其他人，這也是很重要的拍照禮儀。

教堂、神社、寺院

（有些地方允許拍攝外觀，但建築物內部禁止拍照）

動物園、水族館

（一般拍攝沒問題，但禁止使用閃光燈！）

一般店內

（想要拍食物時，請先取得店員許可）

※智慧型手機和平板電腦儲存照片和影片檔案的容量有限，因此建議經常刪除不需要的檔案。想要長期保存重要檔案時，可以問問父母有什麼方法。

在捷運和公車上要注意「音量」

上學、放學或是外出搭乘捷運、公車時，使用智慧型手機必須遵守「音量」的禮貌。

絕對不可以在車上講電話。講電話的人覺得很愉快的內容，對於同樣在車上的其他乘客來說只是擾人的噪音。也有很多人是因為在車上講電話，與其他乘客發生爭執。有人打電話給你時，你可以回訊息說現在不方便接聽電話，或是暫時忽略，等下車之後再回電解釋：「對不起，我剛才在捷運上，不方便接電話。」

有人打電話給你時，在大眾交通工具上發出來電提示音，是沒有禮貌的行為。搭乘捷運或公車前，即使搭車時間短暫，也請把社群網站通知、電子郵件通知、手遊音樂、來電提示音等設定成靜音模式或振動模式。

另外，在電影院和圖書館這類安靜的場所，使用振動模式的振動聲會干擾到別人，所以在安靜的場所應該將手機關機。

就像這樣，使用智慧型手機和平板電腦時，不只在家中，在外面也有各種規則和禮貌必須遵守，這些是智慧型手機和平板電腦持有者的「責任」，請務必銘記在心。

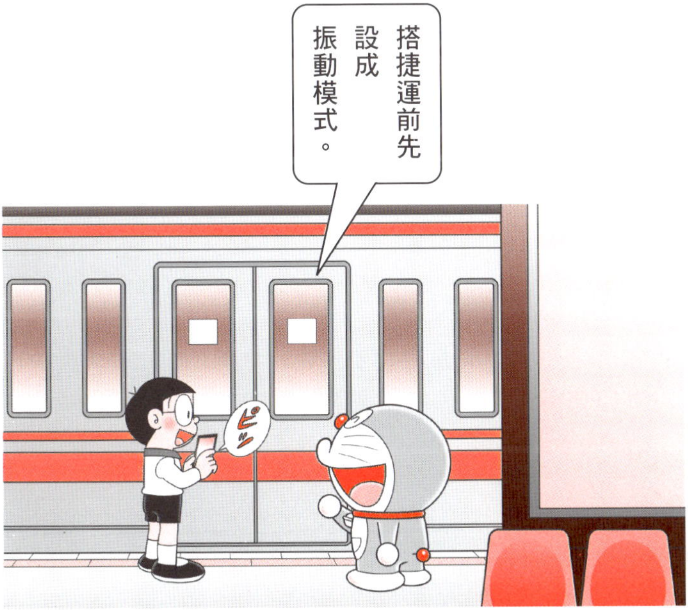
搭捷運前先設成振動模式。

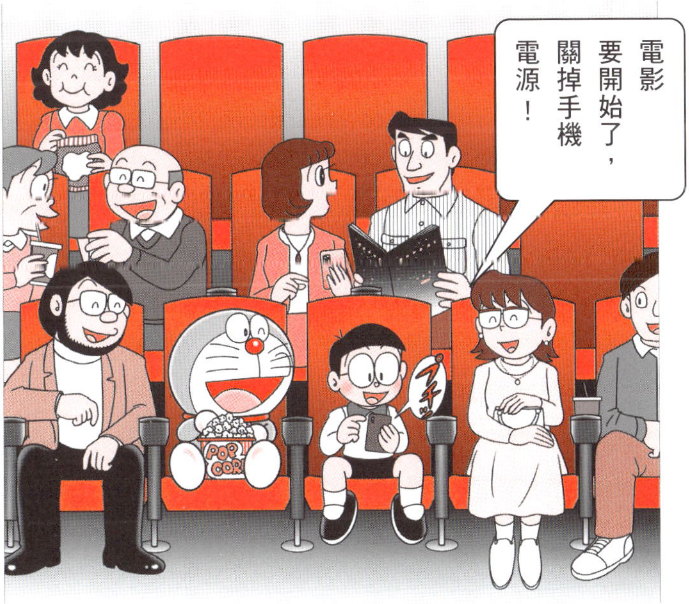
電影要開始了，關掉手機電源！

第6章 檢查看看是否理解了！答題時間

請在口裡填入正確的詞彙！

❶一整天不斷想要滑手機，只要手機不在手邊，就會坐立不安的狀態，稱為什麼？

❷「邊走路邊滑手機，導致自己或他人重傷的情況，幾乎不存在。」這段話是正確還是錯誤？

❸「美術館、海生館等娛樂場所可以自由拍照。」這段話是正確還是錯誤？

❹把智慧型手機或平板電腦裡的所有資料刪除，稱為什麼？

❺「在電影院和圖書館等格外安靜的場所，只要把手機通知調成振動模式就夠了。」這段話是正確還是錯誤？

【答案】❶手機成癮 ❷錯誤 ❸錯誤 ❹重設／重置 ❺錯誤

使用者都有責任遵守規則，安全的使用智慧型手機和平板電腦。
你能夠明白我就放心了，今後也要遵守使用規則喔。
把大雄研究的「智慧型手機安全使用規則」跟大家分享吧！

哆啦A夢學習大進擊④

手機平板智慧通

■角色原作／藤子・F・不二雄
■原書名／ドラえもんの小学校の勉強おもしろ攻略——
安心安全スマホ・タブレット入門
■漫畫審訂／ Fujiko Pro
■日文版封面設計／橫山和忠
■漫畫、插圖／ Saito Haruo
■插圖／高梨 Toshimitsu
■日文版頁面設計、排版／ Knot
■日文版撰文協作／山根僚介（教育情報化 Coordinator）、Bookmark、
逸見 Yumi
■日文版編輯／四井寧（小學館）
■翻譯／黃薇嬪

發行人／王榮文
出版發行／遠流出版事業股份有限公司
地址：104005 台北市中山北路一段 11 號 13 樓
電話：(02)2571-0297　傳真：(02)2571-0197　郵撥：0189456-1
著作權顧問／蕭雄淋律師

2024 年 12 月 1 日 初版一刷　2025 年 9 月 10 日 初版三刷
定價／新台幣 350 元（缺頁或破損的書，請寄回更換）

ISBN 978-626-418-019-1
遠流博識網 http://www.ylib.com　E-mail:ylib@ylib.com

◎日本小學館正式授權台灣中文版
●發行所／台灣小學館股份有限公司
●總經理／齋藤滿
●產品經理／黃馨瑝
●責任編輯／李宗幸
●美術編輯／蘇彩金

國家圖書館出版品預行編目資料(CIP)

手機平板智慧通 / 藤子・F・不二雄漫畫角色原作 ; 日本小學館編輯撰文 ; 黃薇嬪翻譯 . -- 初版 . -- 台北市 : 遠流出版事業股份有限公司 , 2024.12
面 ;　公分 . --（哆啦 A 夢學習大進擊 ; 4）
譯自 : ドラえもんの小学校の勉強おもしろ攻略 :
安心安全スマホ・タブレット入門
ISBN 978-626-418-019-1（平裝）

1.CST: 資訊教育　2.CST: 網際網路　3.CST: 網路倫理

523.38　113016837

DOREAMON NO GAKUSHU SERIES
DORAEMON NO SHOGAKKO NO OMOSHIRO KORYAKU—
ANSHIN ANZEN SMARTPHONE TABLET NYUMON
by FUJIKO F FUJIO

※本書為 2023 年日本小學館出版的《ドラえもんの小学校の勉強おもしろ攻略—安心安全スマホ・タブレット入門》台灣中文版，在台灣經重新審閱、編輯後發行，因此少部分內容與日文版不同，特此聲明。